高校图书馆全民阅读推广探究

李友红 编著

汕頭大學出版社

图书在版编目（CIP）数据

高校图书馆全民阅读推广探究 / 李友红编著．

汕头：汕头大学出版社，2025. 1. -- ISBN 978-7-5658-5522-1

Ⅰ．G252.17

中国国家版本馆 CIP 数据核字第 2025AZ4629 号

高校图书馆全民阅读推广探究
GAOXIAO TUSHUGUAN QUANMIN YUEDU TUIGUANG TANJIU

编　　著：李友红
责任编辑：郭　炜
责任技编：黄东生
封面设计：寒　露
出版发行：汕头大学出版社
广东省汕头市大学路 243 号汕头大学校园内　邮政编码：515063
电　　话：0754-82904613
印　　刷：定州启航印刷有限公司
开　　本：710 mm×1000 mm　1/16
印　　张：16.25
字　　数：220 千字
版　　次：2025 年 1 月第 1 版
印　　次：2025 年 1 月第 1 次印刷
定　　价：98.00 元
ISBN 978-7-5658-5522-1

版权所有，翻版必究

如发现印装质量问题，请与承印厂联系退换

前 言

随着科技的快速发展和信息时代的到来,阅读成为人们获取知识、提升自我、开阔视野的重要途径。书籍是全世界的营养品,生活里没有书籍就好像没有阳光;智慧里没有书籍就好像鸟儿没有翅膀。西汉的刘向曾在《说苑》里说:"书犹药也,善读之可以医愚。"全民阅读活动的推广与普及,对于提高国民素质、传承传统文化、建设和谐社会具有深远意义。在这个背景下,作为知识资源宝库的高校图书馆,要如何发挥资源优势,推动全民阅读活动的深入开展,是一项值得探究的重要课题。

高校图书馆拥有丰富的文献资源和良好的阅读环境,并能提供专业的信息服务,是推广全民阅读的重要场所。"读史使人明智,读诗使人聪慧,数学使人精细,哲理使人深邃,伦理学使人庄重,逻辑修辞学使人能言善辩。"这是培根在随笔《论学习》中对求知的经典阐述。培根的这句名言概括了阅读对个人成长的多方面益处,而高校图书馆正是提供阅读材料的资源宝库。近年来,全民阅读活动已在各地广泛开展,其中存在一些问题,如阅读质量有待提高、阅读资源的分布仍不均衡、阅读服务有待完善等。因此,探究高校图书馆在全民阅读推广中的作用及阅读推广策略,对提高全民阅读水平、促进社会文化发展具有重要意义。

本书共六章,包括全民阅读推广概述、国家如何倡导全民阅读推广、高校图书馆微信公众号的运营如何与全民阅读推广相结合、湖北科技学院图书馆如何开展全民阅读推广活动等内容，探讨了高校图书馆参与阅读推广的策略与方法。

  天道酬勤，勤者必劳，劳者始能，能者终获。编著者结合十几年在图书馆一线部门工作的经验编撰此书，目的就是和所有热爱读书的人一同领悟全民阅读的独特魅力和深刻内涵，领悟阅读带给读者的精神上的愉悦，领悟全民阅读对社会和谐发展的重大意义，进而引导人们来读书。

  仰之弥高，钻之弥坚。在本书的写作过程中，编著者借鉴了国内外相关领域的研究成果和实践经验，结合我国国情，提出了有针对性的推广策略和方法。编著者希望这些策略和方法能够为相关机构提供一些启示和帮助，希望高校图书馆工作人员能以敏锐的视角、精辟的见解，强化阅读教育、拓展阅读资源，在理论上推陈出新，在实践中继往开来，引导读者形成健康的阅读方式，将知识的芬芳酿造成阅读的正能量。

  最后，编著者要感谢所有为本书写作提供过支持和帮助的人，包括同事、朋友、家人等。编著者也欢迎读者对本书提出宝贵的意见和建议，共同推动高校图书馆全民阅读推广事业的发展。

编著者

2023 年 11 月

目　录

第一章　全民阅读推广概述 ……………………………………………001
　　第一节　全民阅读推广的由来 ……………………………………001
　　第二节　全民阅读推广的文化概念 ………………………………002
　　第三节　全民阅读推广的文化内涵 ………………………………004
　　第四节　何谓全民阅读推广活动 …………………………………008

第二章　国家倡导全民阅读推广 …………………………………………013
　　第一节　全民阅读推广的目的及背景 ……………………………013
　　第二节　全民阅读推广的意义 ……………………………………015
　　第三节　全民阅读推广的发展历程 ………………………………018
　　第四节　全民阅读推广的现状 ……………………………………019
　　第五节　高校图书馆推广全民阅读的必要性 ……………………022
　　第六节　高校图书馆在全民阅读推广中的优势与作用 …………026
　　第七节　高校图书馆在全民阅读推广中的责任 …………………030

第三章　高校图书馆微信公众号与全民阅读推广的结合 ………………033
　　第一节　微信公众号在高校图书馆中的应用 ……………………033
　　第二节　微信公众号在全民阅读推广中的优势和重要性 ………037
　　第三节　微信公众号如何在全民阅读推广中发挥积极作用 ……039

第四章 高校图书馆全民阅读推广的实践
——以湖北科技学院图书馆为例 ·········043

第一节 让读书成为习惯，让书香溢满校园 ·········043
第二节 品书香校园，阅千年文化 ·········075
第三节 品读文化经典，共建书香校园 ·········099
第四节 诵中华经典，沐校园书香 ·········124
第五节 品国学·诵经典·传承中华文化 ·········133
第六节 悦阅而求索，星星之火可燎原 ·········141

第五章 高校图书馆全民阅读推广的策略与方法 ·········169

第一节 提高对阅读推广工作的重视程度 ·········169
第二节 丰富高校图书馆阅读推广的内容 ·········172
第三节 激发人们的阅读兴趣，培养阅读习惯 ·········177
第四节 重视分校阅读和阅读指导的训练 ·········182
第五节 创新阅读服务模式 ·········194
第六节 注重红色文献的阅读推广 ·········204
第七节 推进新农村建设 ·········210
第八节 提高图书馆资源的利用效率，实现针对性图书推广 ·········217
第九节 优化阅读环境，扩大阅读推广活动的覆盖面 ·········223
第十节 加强与政府的联动，建立阅读推广团队 ·········226

第六章 高校图书馆全民阅读推广经验与展望 ·········229

第一节 高校图书馆全民阅读推广的经验总结 ·········229
第二节 高校图书馆全民阅读推广的美好展望 ·········237

参考文献 ·········239

第一章 全民阅读推广概述

第一节 全民阅读推广的由来

全民阅读推广源于"世界读书日",旨在鼓励更多人阅读、写作,提高国民素质和修养,促进社会进步和文明进步。"世界读书日"的全称是"世界图书与版权日",设立"世界读书日"的最初创意来自国际出版商协会。1995年,联合国教科文组织宣布,4月23日为"世界读书日"。俄罗斯、德国、法国、英国、西班牙、葡萄牙、美国、斯洛伐克、比利时等国家都积极响应,纷纷以不同的形式开展阅读推广活动。每年的这一天,我国也会举办各种各样的推广活动,倡导人们多读书、读好书,营造全社会的阅读氛围,涵养书香。

在全民阅读推广中,高校图书馆扮演着重要的角色,它们拥有丰富的馆藏资源和学术资源,汇聚了众多文化精英和学术人才,能够为全民阅读推广活动的开展提供坚实的文化基础,并在其中起到引领作用。高校图书馆承担着传播文化、传承文明的重要使命,应致力促进文化的传播和传承,增进文化认同,坚定文化自信。高校图书馆在阅读推广方面有着独特的优势,它不仅有丰富的藏书,还有专业的图书管理员和阅读推广人员,能为读者提供更加专业的阅读指导和推荐服务。高校图书馆应与各种文化机构进行合作,共同推广阅读文化,让更多的人在阅读中受益。书籍是人类进步的阶梯,阅读在推动社会进步和促进个人成长中发挥着重要作用。高校图书馆加大阅读推广的力度，可以让社会上更多的人意识到阅读的重要性，从而促进社会的整体进步。

全民阅读是一个越来越需要被重视的问题，具体有以下原因：阅读的影响是强大的、持久的、隐性的、缓慢的；倡导领导干部率先阅读，倡导全社会积极阅读，是投入最小、见效最快、最直接、最便捷的推广全民阅读的方式；推广全民阅读、促进社会进步是永不过时的追求，建设书香中国更不是一蹴而就的事情，越是深入推进全民阅读，就会发现越多问题。高校图书馆是大学文化场所的重要组成部分，是学生学习、研究和交流的重要空间。高校图书馆要加强阅读推广工作，为学生提供更多优质的图书资源和服务。高校图书馆在全民阅读推广中扮演着重要角色，应履行社会责任并发挥自身的公共文化服务功能。随着社会的发展和人们阅读需求的不断增加，高校图书馆开始意识到全民阅读推广的重要性，高校图书馆工作人员应积极参与全民阅读推广活动，这将使高校图书馆成为全民阅读推广的重要力量。

第二节　全民阅读推广的文化概念

一、何谓全民阅读推广

全民阅读推广指在全社会范围内，利用各种途径和手段，推广阅读文化，让更多的人参与阅读活动，享受阅读的乐趣，提升文化素养，传承和弘扬优秀文化。阅读在个人发展、社会进步和文化传承中发挥着重要作用，全民阅读推广倡导让阅读成为一种生活方式和精神追求。

阅读是人类获取知识、启智增慧、培养道德的重要途径，阅读给人以思想上的启发，让人树立崇高理想，涵养浩然之气。清代书法家吴廷康曾说："读书身健方为福，种树花开总是缘。"后来这句话被启功先生书写并收录在《启功书画集》里。读书明理，心智俱健；修身养性，知行合一。这从来都是开卷读书的宗旨和终极价值所在。全民阅读的积极推广者不遗余力地推动文学阅读和各种艺术作品知识的普及，为推进全民阅读、营建书香社会做出了贡献。北宋文学家、书法家、政治家苏轼的"腹有诗书气自华"，精到地说明了阅读对个人气质和修养的提升作用。全民阅读推广既是推进全民阅读、创造学习型社会的关键一步，也是完善公共文化服务体系的重要抓手。全民阅读推广是以阅读为手段、以文化为载体、以素质为核心的综合性的社会文化活动，旨在促进全民素质的提升和社会文明的进步。全民阅读推广不仅包括读物的推广，还包括阅读方式、阅读习惯等方面，旨在提高全民的阅读能力和阅读素养。全民阅读推广不仅是图书馆的责任，还是社会各界的责任，需要政府、企业、社会组织、家庭等各方面的共同参与和努力。

二、图书馆全民阅读推广的文化概念

图书馆作为文化和信息中心，有能力积极推广阅读文化，引导大学生和其他社会成员养成良好的阅读习惯，提升人们的文化素养和综合素质，进而推动全民阅读的发展和普及。阅读文化是阅读行为、阅读制度、阅读精神等一系列要素所构成的有机整体。图书馆全民阅读推广的目的正是构建阅读文化。举办各种阅读活动，营造阅读的氛围，能够使学生更深入地理解和体验阅读的价值和意义。图书馆在个人发展、社会进步和文化传承中发挥着重要作用，高校图书馆积极推广阅读文化，有利于提升国民文化素养，推动全民阅读的发展和普及。这不仅有利于提升图书馆自身的社会影响力，还有助于建设书香校园、书香社会。

图书馆是知识的宝库和文化的殿堂，应该合理地向社会开放馆藏资源，让更多的人接触到优秀的图书资源，传承和弘扬中华优秀传统文化。司马迁在撰写《史记》时，除了实地考察，还大量阅读了当时官方所藏的图书。王充家境贫寒，无书可读，但他每天都会跑到洛阳街上的书铺里读书，积累了丰富的知识。马克思在撰写《资本论》时，也在英国国家图书馆里阅读过大量书籍。这些名人的成功都离不开图书馆阅读。图书馆的全民阅读推广活动，培养了公众的人文精神，能让更多的人关注人类的文化和历史，提高自身素养。图书馆全民阅读推广活动，提高了国民素质，推动了学习型社会的建设，为社会的进步和发展提供了坚实的文化支撑。全民阅读推广活动也是一种创新发展的途径，通过不断探索和创新推广模式，人们可以促进图书馆的创新发展和可持续发展。

"阅读"是全民阅读推广的文化概念中最重要的部分。书中的字句是人类一代一代积累起来的智慧的结晶，而阅读就是一个陶冶情操、增长智慧的过程。阅读推广应该注重阅读内容的多样性，既要推广经典作品，也要关注当代作家的创作。只有这样，才能构建一个充满活力、多元共生的文学生态系统。高校图书馆全民阅读推广是一项综合性的社会文化活动，要以阅读为手段，以文化为载体，以素质为核心，促进社会文明的进步和全民素质的提升。

第三节 全民阅读推广的文化内涵

全民阅读推广活动是一项重要的社会公益事业，对提高全民素质、促进社会和谐有着重要的意义。高校图书馆在全民阅读推广活动中发挥着重要的作用，它们可以组织开展各种形式的活动，引导读者了解和参与阅读，推动全民阅读的深入开展。

一、全民阅读推广的意义

第一，提倡阅读是实现全民阅读、创造学习型社会的关键一步，也是帮助人们培养良好阅读习惯的重要方式。中国伟大的无产阶级革命家、战略家、理论家毛泽东在延安时期，坚持读书学习，曾发出这样的感慨："饭可以一日不吃，觉可以一日不睡，书不可以一日不读。"可见，阅读可以给人的个人成长和发展带来很大影响。良好的阅读习惯可以让人不断进步，不断成长。阅读习惯的养成可以促进个人知识的积累和视野的拓展。人们在阅读中可以接触到更广阔的知识领域，不断提升自己的认知水平和思维能力。学习是一个终身的课题，而阅读是最好的学习方式之一。一个学习型社会应该鼓励人们不断地学习、探索和创新，而全民阅读正是一个具体的实现途径。全民阅读帮助人们培养良好的阅读习惯，营造爱读书、读好书、善读书的社会氛围，能有效提升国民素质，也能为社会主义精神文明建设提供强而有力的思想保证、强大的精神力量、丰润的道德滋养。

第二，阅读推广的目标之一是让阅读成为社会的主流风气。全民阅读推广营造了阅读氛围，有助于让读书成为社会的主流风气。阅读可以唤起人们的情感共鸣，培养人们的同理心。在深入阅读故事或他人的经历后，人们能更好地理解他人的感受，从而拥有更为丰富的情感世界和更加包容的心态。作家、翻译家杨绛一生热爱读书，也从书中收获了累累硕果。读书是为了遇见更好的自己，要注重保持阅读的持续性，培养阅读习惯。读书的目的不应只是提高学历或获得财富，而应是成为一个有温度、懂情趣、会思考的人。让阅读成为社会的主流风气是一个长期而艰巨的任务，需要全社会的共同努力。只有在持续的阅读中，人们才能不断提升自己的思想境界，增长人生智慧。只有持续地举办阅读推广活动，才能培养出更多有知识、有文化、有素养的公民，为社会的进步和发展打下坚实的基础。

第三，倡导全民阅读，可以助力建设书香社会。书籍是传承人类文明的重要载体，国民阅读量的增加，也是社会进步、文明程度提高的重要标志。把阅读作为一种生活方式，并与工作方式相结合，不仅会增加发展的创新力量，还会增强社会的道德力量。南京大学信息管理学院的徐雁教授在阅读推广方面有着深入的研究和实践经验，他十年如一日地致力推动全民阅读，用实际行动诠释着阅读对于个人成长和社会进步的重要性。阅读推广应该从多个层面入手，包括家庭、学校和社会等。社会应倡导以家庭为基础的阅读推广，鼓励家长陪伴孩子阅读，培养孩子的阅读兴趣和习惯。学校在阅读推广中应发挥重要作用。学校要加强图书馆建设，提供丰富的阅读材料，开展多样化的阅读活动，以激发学生的阅读热情，提高学生的阅读能力。图书馆需要制订具体的阅读推广方案，如建立阅读俱乐部、推广优秀图书、举行阅读分享会等。

倡导全民阅读，建设书香社会，是提高国民文化素养、促进社会文明进步的重要举措。2022年，在首届全民阅读大会成功举办后，为落实总书记贺信精神，中宣部印发《关于学习贯彻习近平总书记致首届全民阅读大会贺信精神 做好新时代全民阅读工作的通知》，其他各部门也立足自身实际，积极行动，在政策支持、资源配置等方面大力推进全民阅读的开展。以"书香中国"为总体品牌，全国各地围绕全民阅读打造了一批活动品牌，并利用读书节、读书月、读书周、好书推荐等多种方式，开展了特色鲜明的阅读活动。"书香上海""书香河北""书香荆楚"等一大批区域性的阅读活动各具特色、各有风格，为当地群众带去了丰厚的阅读食粮，把书香播撒在华夏大地。倡导全民阅读，让更多的人享受到了阅读的乐趣，感受到了文化的魅力，增强了文化自信。

建设书香社会需要人们从多个方面入手，包括完善公共阅读设施、推广优秀阅读资源、开展丰富多彩的阅读活动等。这些措施可以为人们提供更加舒适的阅读环境和更好的服务，激发人们的阅读热情和兴趣，让阅读成为人们日常生活中不可或缺的一部分。

二、高校图书馆全民阅读推广的文化内涵

高校图书馆在全民阅读推广中扮演着重要的角色。高校图书馆在阅读推广中发挥着引领作用。高校图书馆应该成为学生阅读的引导者和

推动者，在推荐好书、组织读书活动的过程中，帮助学生发现阅读的乐趣，提高学生的阅读水平。孩子的阅读活动开展得越早，阅读就越能同他们的精神生活有机地发生联系，他们在阅读时的思维过程就越复杂，阅读对他们智力的发展也就越有益处。图书馆作为重要的阅读场所，为孩子们提供了丰富的阅读资源和良好的阅读环境。图书馆是推广阅读的重要场所，一个图书馆的阅读氛围，可以直接影响到一个地方的阅读风气。图书馆应该尽可能地丰富馆藏资源，为读者提供更多的选择。图书馆开展各种活动，如读书会、各类讲座等，可以让更多的人加入阅读的行列。高校图书馆向社会开放，能够让更多的人接触到优秀的图书资源，培养其阅读兴趣和良好的阅读习惯，提高其阅读能力和阅读水平。高校图书馆作为知识的宝库和文化的殿堂，拥有丰富的馆藏资源和学术资源，这为全民阅读推广提供了坚实的基础。

高校图书馆在全民阅读推广中起着文化引领作用。高校图书馆是大学的心脏，在教育和文化引领中占据核心地位。作为知识和信息的集散地，图书馆在推动学术进步、培养学生素养方面具有不可替代的作用。作为高等教育的摇篮，高校图书馆汇聚了众多的文化精英和学术人才，这些人才在阅读推广中能够发挥引领作用，引导公众更好地理解和欣赏文学作品，提高人们的阅读质量。高校图书馆全民阅读推广担负着传播文化、传承文明的重要使命。在图书馆内，人们能够开展各种形式的阅读活动和中华优秀传统文化交流活动，促进文化的传播和传承，让更多的人了解和认同中华优秀传统文化，增强文化自信和文化认同。高校图书馆开展包括阅读指导服务在内的阅读推广活动，所担负着的是引导大学生树立健康的世界观、人生观和价值观，进而肩负起传承和创新祖国文化的重要责任。

高校图书馆参与全民阅读推广有利于推动社会进步。教育家朱永新在《造就中国人》里就提出过"一个人的精神发育史就是他的阅读史""一个民族的精神境界取决于这个民族的阅读水平""一个没有阅读的学校永远不可能有真正的教育""一个书香充盈的城市才能成为真正的家园"等一系列观点。如今，人们有一个丰富的文学宝库，那些文学作品是许多代作家留下的杰作，它们教育人们，鼓励人们，让人们变得更纯洁、更善良、更博学、更能发挥自身价值。阅读文学作品的目的就是让人变得更好，人们阅读文学作品，能够受到教育和启发，成为更好的人。图书馆不仅是一个保存书籍的地方，更是一个传播知识、启发思想的场所。如今，图书馆已成为推动社会进步和发展的重要力量。高校图书馆倡导全民阅读，推动学习型社会的建设，能够促进社会进步，提高国民素质，为建设富强、民主、文明、和谐、美丽的社会提供坚实的文化支撑。

第四节 何谓全民阅读推广活动

一、全民阅读推广活动的开展形式

阅读推广又称阅读促进，是现代图书馆尤其是高校图书馆的一项重要活动。从开展形式上看，阅读推广是指以故事会、书目推荐、作家讲座、读书俱乐部、书展、书签发放等形式向社会成员宣传图书，鼓励社会成员进行阅读的活动。读书是认识自我、认识人生、认识中国、认识世界的重要途径。全民阅读推广应该注重引导人们读好书、善读书，让阅读成为提升个人素养、传承优秀文化的重要方式。在日常生活中，人们已经逐渐认识到推广全民阅读的重要性，而推进全民阅读深入发展也是每个人义不容辞的责任。只有人们都来阅读优秀作品，读以致用、读以获知、读以修为、读以娱乐，才能实现全民阅读的目标。高校图书馆开展全民阅读推广活动，能够展现自身的社会价值。全民阅读推广活动包括推动社会读书氛围的形成，形成爱书、读书的社区文化，保障信息公平，消除信息鸿沟，推动终身学习等内容。

全民阅读推广活动形式多样。政府部门应在全民阅读推广活动中发挥主导作用。例如，政府可以利用网络直播、在线讲座、视频会议等形式，举办线上读书分享会、朗诵会等，激发公众对阅读的兴趣；政府可以在社交媒体平台上鼓励用户创建与阅读有关的群组、话题或挑战，分享自己的阅读体验和心得；政府可以与电子书平台合作，为民众提供免费或价格优惠的电子书，方便公众在线阅读；政府可以在图书馆、书店、学校等公共场所组织阅读分享会，邀请作家、学者或普通读者分享他们的阅读体验和见解；政府可以组织策划与阅读相关的主题展览，如经典文学作品展览、插画展等，用视觉展示激发公众对阅读的兴趣；政府可以在特定的日子或时间段内举办读书节活动，活动形式可以有书展、打折销售、签名会等，以吸引更多人参与；政府还可以与学校、家庭合作开展阅读推广活动，如举办校园读书节、阅读比赛等，鼓励学生养成良好的阅读习惯。各高校图书馆全民阅读推广活动的活动形式也是丰富多彩的，如云南师范大学图书馆提供"图书推荐"服务，并连续6年以"世界读书日"为契机举办"书香师大"校园文化月系列活动，鼓励师生好读书，读好书；江西师范大学图书馆于2017年举办了"师大好读书"摄影大赛、"四月书香满校园"书法绘画大赛、"父子共读一本书""好书共享、佳评共赏"书评大赛等活动，对全民阅读推广产生了深远的影响。

二、高校图书馆的全民阅读推广活动

高校图书馆在全民阅读推广活动中扮演着重要的角色。高校阅读推广是一种有目的、有计划、有步骤的文化活动，需要调动、协调多方力量。但许多高校在开展阅读推广工作的过程中，存在重组织实施、轻创意策划的倾向。只是简单地借鉴其他高校的做法，难免会出现同质化倾向。无论是阅读推广的效果还是影响，都会因此而大打折扣。许多高校图书馆也逐渐意识到这个问题，开始寻求突破，在活动的形式、内涵等方面进行创新。

第一，创新主题阅读活动。高校图书馆主题阅读活动通常由图书馆举办，旨在提高学生的阅读兴趣和阅读能力，鼓励学生了解和使用图书馆资源。主题阅读活动可以有多种形式，例如：定期组织学生阅读特定主题的书，并开展讨论和交流活动；邀请学生分享自己的阅读经历和感受，或者推荐一些好书给其他同学；展示有关特定主题的图书、图片、手稿等资料，吸引学生了解相关领域的知识；邀请知名作家来学校举办讲座，介绍他们的创作经验和作品背后的故事；组织学生参加阅读比赛，让学生通过阅读和回答问题，提高自己的阅读能力和知识储备；鼓励学生捐出自己不再需要的图书，为学校图书馆增加更多的资源。

第二，开展经典阅读推广活动。高校图书馆经典阅读推广活动旨在引导学生阅读经典著作，提高学生的阅读素养和人文素质。阅读对于个人成长十分重要，读书可以让人的心灵变得温润而有光泽，也可以让人的行动变得稳健又有力量。许多阅读推广的专家推荐阅读经典书籍，并鼓励年轻人在青少年时期打好阅读基础。面向大学生的阅读推广活动应该注重引导大学生读好书、读整本书，更需要引导其阅读经典名著，以培养大学生的思维能力、审美能力和人文素养。全民阅读是"静水流深"的过程，需要长期的坚持和努力。各高校都在重视经典内容的阅读，提倡师生读最应该读的书，读最必读的书。每一位读书人都有这样的感受：读书伴人成长，读书增长见识，要提高文化自信，就一定要文化自知，而自知的前提就是读书，特别是读经典。作为中国人，最应读的书就是中华民族的文化经典，这些书里有道德，有价值，有信仰，有中国人越走越宽的路。为开展经典阅读推广活动，高校图书馆可以安排各学科领域的专业教师或图书馆工作人员推荐经典著作，并在图书馆网站或微信公众号上发布推荐书单。高校图书馆还可以定期组织学生阅读经典著作，并开展讨论和交流，或者将经典阅读推广与校园文化活动相结合，如与艺术、文学、历史等相关社团合作，组织以经典阅读为主题的文艺演出、讲座、研讨会等活动。这些活动能引导学生主动阅读经典著作，提高学生的阅读素养和人文素质。

第三，进行数字阅读推广。2023数字阅读经验交流会在第十三届江苏书展上举办，专家学者在会上共同讨论了新时代数字阅读的发展路径。交流会上，多位专家谈到高品质数字阅读的重要性，以及调动全社会力量共同推广数字阅读的必要性。交流会中专家学者还提出了加强全行业技术应用的创新能力、确保技术赋能的主动权等建议，以推动数字阅读的发展。数字技术与内容本身的紧密结合对扩大未来人们阅读方式的选择范围十分重要。如今，"屏"已经成为现代人不可或缺的内容工具。大部分读者看屏幕的时间远长于看纸质媒体的时间。在数字化时代，知识生产不再只是提供简单的新闻信息，而是发布具有时代性、公共性、人文性的知识内容。期刊等出版物需要转型，实现内容产品化、多元化开发和全媒传播。这一点对数字阅读的推广同样具有指导意义，即数字阅读的内容也需要具备这些特点，才能吸引和满足现代读者的需求。高校图书馆数字阅读推广是借助图书馆的数字资源，向用户传递数字阅读信息，引导用户进行数字阅读，提高用户的数字阅读素养和数字阅读服务水平的各种举措。在推广数字阅读时，人们需要充分利用数字技术，创新阅读方式，提升阅读体验。

第二章 国家倡导全民阅读推广

第一节 全民阅读推广的目的及背景

一、全民阅读推广的目的

阅读，作为人类文明的基石，对个人成长、社会进步和国家发展具有不可替代的重要作用。在全民阅读推广中，教育工作者应该注重培养人们的阅读兴趣，让人们掌握良好的阅读方法，提高人们的阅读效率和阅读质量，让阅读成为推动个人和国家发展的强大力量。近年来，我国高度重视全民阅读推广工作，并将其视为提高国民素质、构建学习型社会的重要途径。教育工作者要不断总结全民阅读推广工作的经验，分析存在的问题与挑战，并提出有针对性的对策建议，以期助力于未来全民阅读推广工作的深入开展。全民阅读推广的目的是激发人们对阅读的热爱，培养人们的阅读兴趣，提升人们的阅读水平，鼓励民众养成阅读习惯，促进全民阅读。开展阅读推广活动就是鼓励人们分享个人阅读经验，发掘阅读的快乐之处。余秋雨曾在散文《阅读的最大理由是摆脱平庸》中说："阅读的最大理由是想摆脱平庸，早一天就多一分人生的精彩；迟一天就多一天平庸的困扰。"[1] 开展阅读推广活动能提升高校图书

---

[1] 余秋雨. 阅读的最大理由是想摆脱平庸[J]. 政工学刊，2017（2）：86-86.

馆的服务质量，满足读者多样化、个性化的阅读需求，引导大学生回归深阅读、纸媒阅读，提高大学生的阅读能力，增强大学生的阅读乐趣，并给大学生一个分享阅读经验的舞台，激发大学生的创造活力，从而让大学生领略阅读的魅力。

高校图书馆在全民阅读推广中发挥着重要作用。高校图书馆通过共享资源、举办阅读活动、加强互联互通以及提供人才培养服务和技术支持等，推动全民阅读的深入开展，为构建学习型社会、建设文化强国贡献力量。高校图书馆可以举办各种形式的读书推广活动，增加学生对阅读的兴趣和积极性，提高他们的文化品位。读一本好书，就是和许多高尚的人谈话，读过一本好书，像交了一个益友。图书馆是进行学术研究的重要场所，它汇集了世界各地的文献资源，为学者提供了宝贵的学术资料。学者在图书馆里可以相互学习、相互启发，共同推动学术领域的发展。高校图书馆可以为学生提供有针对性的阅读指导，帮助学生提升阅读水平，培养学生的阅读技能。高校图书馆还可以推广和宣传优秀图书并组织大家一起阅读，引领学生探索精神世界。全民阅读推广已经成为国家一项重要的文化建设途径，也是高校图书馆的重要工作之一。总之，高校图书馆在全民阅读推广中发挥着重要作用，可以引导学生和社会公众走向精神世界，不断提高他们的阅读水平和文化素养。

二、全民阅读推广的发展背景

阅读不仅可以提高个人的文化素养和知识水平，还能帮助人们更好地适应社会的发展和变化。全民阅读推广的发展背景包括多个方面，它既包括全球层面的倡导和呼吁，也包括国家政策的支持和推动，还包括社会的需求和个人的自我提升需要。

联合国教科文组织在1972年向全世界发出"走向阅读社会"的呼吁，要求社会成员人人读书，使读书成为每个人日常生活中不可或缺的一部分。阅读是最有价值的投资，人们可以在阅读中获取无穷无尽的知识和智慧，为自己的未来发展打下坚实的基础。目前，人们已经认识到阅读对于个人成长和社会发展的重要性。1995年，联合国教科文组织正式确定每年4月23日为"世界图书与版权日"，设立它的目的是鼓励更多的人进行阅读和写作。

满足读者信息需求，丰富读者文化生活，是当今图书馆界的一个重要课题。要坚定文化自信，秉持开放包容的心态，坚持守正创新，把全民阅读引向深入。阅读不仅关乎个人的修养，更关乎国家民族的未来。全民阅读推广应该注重培养国民的阅读习惯，提高其阅读能力和阅读素养，让每个人都能通过阅读获取知识、提升自我。全民阅读推广是一个社会化系统工程，需要多方联动协作，形成合力，共同夯实书香中国的发展根基。学校作为一个培养学生成人、成长和成才的重要场所，是推动书香中国建设进程的基本单元。校园阅读与推广正是开展全民阅读的枢纽环节，构建以求知和明理为校风核心的书香校园刻不容缓。

第二节　全民阅读推广的意义

全民阅读推广意义深远。推广阅读是提升国民素质、构建学习型社会的重要途径，这不仅仅是教育部门的责任，更是全社会的共同使命。全民阅读推广的意义有以下几点。

第一，帮助人们培养良好的阅读习惯。阅读是一种良好的习惯，它能丰富人们的精神生活，帮助人们提高个人素养。许多读书人有这样的体验，年轻的时候以为不读书不足以了解人生，后来却发现，如果不了解人生，也是读不懂书的。读书的意义大概就是用生活所感去读书，用读书所得去生活。阅读习惯的养成与生活经验的增长相辅相成，要通过生活感悟去深化阅读，再用阅读所得去指导生活。文化塑造习性，也影响着人们的生活方式。阅读环境作为文化的一部分，同样会影响阅读习惯和生活方式。一个良好的阅读环境能帮助一个人形成良好的阅读习惯，进而提高文化素养。全民阅读推广引导人们培养良好的阅读习惯，享受阅读的乐趣，从而提高人们的个人素质和生活质量。开展阅读推广活动，是学校推进以育人为核心的大学文化建设工作的需要，是学校营造校园文化氛围的需要。高校图书馆要鼓励学生在课外博览群书。全民阅读推广，就是在全社会营造浓郁的书香氛围，让人们更加热爱阅读、喜欢读书，这对促进社会文明进步、推动文化创新发展具有重要意义。

第二，提高国民素质。全民阅读推广是一项积极的举措，可以提高国民素质，促进社会文明进步。人们通过阅读获取知识，可以开阔视野，提高自身素质和能力，提高文化素养和道德水平。书籍和阅读是传承人类文明的主要载体，而就个人来说，用闲暇时间来阅读是一种享受，也是一种财富，能让自己终身受益。全民阅读能够在社会上形成一种向上的氛围，是一种提升国民素质、促进社会进步的重要途径。阅读能培养人的思维能力、语言表达能力和审美能力，也能深化人们的社会认知，增强人们的社会责任感和公民意识，还能丰富人们的精神生活，增强文化自信和民族自豪感，提高国民的凝聚力和向心力。在推广全民阅读的过程中，政府、企业、社会组织和个人都应该发挥积极作用。

第三，促进社会和谐。儒家思想的代表人物孔子在《论语》中多次强调以和为贵，认为社会和谐是人类生活的最高境界。他提倡"仁爱""礼制"等思想，认为增进人与人之间的互相尊重和理解，能让人们和睦相处，有助于实现社会的和谐稳定。阅读是一种让人跨越文化和语言而互相交流的桥梁，它能让人们更好地了解和尊重不同的文化和价值观，增进对其他人的认识和理解，减少偏见和歧视，从而促进社会和谐。阅读可以培养人的审美能力，提升人的道德修养。阅读优秀的文学作品，人们可以感受到美的真谛，提升个人的精神境界，从而更好地融入社会，维护社会的和谐稳定。

中国著名社会学家费孝通在《文化与文化自觉》一书中提出了"文

化自觉"的概念，认为人们应该通过阅读等方式了解和尊重不同文化，以建立和谐的社会关系。阅读有开阔人们的视野、让人们相互理解的重要作用，有助于打破文化隔阂，促进社会和谐。阅读能帮助人们提高情绪管理能力。当人们处于压力之下或产生负面情绪时，阅读能帮助他们平静下来，减轻焦虑和压力，从而促进社会和谐。阅读能帮助人们培养兴趣爱好，让人们更有创造力和想象力。国民素质的提高会为社会带来更多的活力和创新成果，促进社会的和谐发展。阅读能帮助人们建立良好的人际关系，人们可以在阅读中找到与自己有相同兴趣爱好的人，与之分享阅读体验和感受，从而互相沟通，增进彼此之间的信任，促进社会和谐。

第四，增强文化自信。阅读是增强文化自信的必要途径，只有了解自身文化，才能自信地展示文化魅力。阅读能让人深入了解中国文化的历史渊源、思想精髓和艺术魅力，更好地传承和弘扬中国文化。人们在阅读中能更深入地了解我国的文化传统和历史，增强文化自信和民族自豪感。中国现代历史学家、思想家、教育家钱穆先生一生都在为研究和传承中国传统文化而努力。钱穆先生的主要著作，如《先秦诸子系年》《中国近三百年学术史》《国史大纲》《中国文化史导论》等，都蕴含了他对研究和传承中国传统文化的深情。他在讲学和著述中，一再强调知识分子应该肩负起传承和弘扬中国传统文化的重任。阅读中华优秀传统文化经典著作，可以让人们更好地了解和传承中华民族的优秀传统文化，弘扬中国传统文化的精髓和价值观念，增强民族自豪感和文化自信心，也能推动中国传统文化的创新和发展，使中国在当今世界更具竞争力和影响力。阅读不同国家和地区的文学作品和文化典籍，能让人们更好地了解世界各国的文化和历史背景，增进对多元文化的认识和理解，促进中外文化交流互鉴，有助于提高文化多样性，培养国民的国际视野，坚定文化自信，提高人们对外交往的能力。图书馆是城市文化的灵魂，它能够让城市更有深度和内涵。图书馆作为城市文化的重要组成部分，可以为城市注入更多的文化气息。

第五，推动教育事业发展。阅读是消灭无知、贫穷与绝望的终极武器，阅读是教育中一项十分重要的活动。要把阅读作为重要的教育教学的内容来抓，作为教育改革的突破口来推动。阅读是语文教学的生命，但是当人们把课堂内容细细分割之后，阅读教学就消失了。如今的阅读教学，就是肢解性的教学，碎问碎答，而这样会使学生觉得语文课一成不变，没有意思。只有通过阅读汇集信息，借助思考整合信息，学生学习的过程才不至于碎片化，教师才能帮助学生完善人格，拓展生命的宽度。阅读开阔了人们的视野，提高了人们的知识水平和理解能力，为教育事业提供了更丰富的教学资源和更广阔的发展空间。在阅读中，学生可以更好地理解课本知识，提高学习效果和成绩。优秀的图书往往蕴含着人类智慧的结晶和美好的情感，阅读这些作品，学生可以受到积极向上的情感的熏陶和道德教育，形成正确的价值观和人生观。高校图书馆是学生获取阅读资源的重要场所。高校图书馆不断丰富馆藏资源，提高图书馆工作人员的管理水平，能为学生提供更好的阅读环境和阅读服务，促进教育事业的发展。

第三节　全民阅读推广的发展历程

全民阅读推广得到了政府的高度重视和大力支持。自2012年党的十八大报告提出"开展全民阅读活动"以来，全民阅读立法工作也被正式启动，并被列入国务院法制办（现司法部）立法规划项目。2014年，"倡导全民阅读"首次被写入政府工作报告，到今天，"全民阅读"已连续9次被写入政府工作报告。党的十九大报告提出建设书香社会，而深化全民阅读是建设书香社会的必然要求。中华优秀传统文化是中华民族的精神命脉，博大精深、源远流长。全民阅读要大力弘扬中华优秀传统文化，推动中华优秀传统文化与现代文明相协调，促进文化多样性发展，以为实现构建人类命运共同体的目标贡献力量。国家还发布了多项关于全民阅读推广的政策文件。全民阅读推广得到了民众的广泛参与和关注，不仅有公共图书馆、学校、社区等机构积极参与阅读推广活动，还有企业、民间组织和个人纷纷加入了全民阅读推广的行列中。随着互联网技术的发展，数字化阅读也逐渐成为全民阅读的重要形式之一。

全民阅读推广得到了越来越多人的认可和参与。古今中外，无数有识之士强调过阅读对人生、对社会的益处，认为阅读不仅可以促进个人的成长，还是推动社会发展的力量。在阅读中，人们能收获乐趣，增长才干，涵养人格；在全民阅读的有力推动下，社会也将持续地进步。许多人意识到了阅读的重要性，开始培养自己的阅读习惯，提高自身阅读能力。也有越来越多的家长和教育工作者开始重视孩子的阅读教育和写作培养。全民阅读推广是一个多方面、多层次的过程，得到了政府、社会和个人等多个层面的支持和参与。全民阅读推广还是一个长期的、潜移默化的过程，它需要人们持之以恒地去做，去影响身边的人，营造一个良好的阅读氛围。未来，随着科学技术的不断发展和人们阅读需求的不断提高，全民阅读推广还将得到进一步的深化和发展。

第四节　全民阅读推广的现状

全民阅读推广使阅读环境得到了改善。一个优雅的阅读环境，能够激发读者的智慧和创造力。阅读环境是培育阅读习惯的土壤，需要精心耕耘。在安静的阅读环境中，读者才能与书中的世界深度对话。阅读环境的优化对提升读者的阅读体验和深化读者对阅读内容的理解也很重要。一个舒适、安静、充满文化氛围的阅读环境，能够让人们更加关注阅读内容，与书中的世界产生深度共鸣。为了推广全民阅读，各地纷纷加大了对图书馆和阅读场所的投入力度，新建或改造图书馆，以创造更多的阅读空间和舒适的阅读环境。这些场所不仅为人们提供了丰富的图书资源，还有阅读区、自习室、多媒体室等区域，方便读者学习和交流。在公共场所，如公园、广场、交通枢纽等，增设阅读设施，如公共书架、阅读角等，不仅提高了阅读的便利性，还在社会上营造了浓厚的阅读氛围。随着互联网的普及，数字阅读逐渐成为人们获取信息、学习知识的重要途径。各类数字阅读平台如雨后春笋般涌现，图书馆也要为读者提供海量的电子书、期刊、报纸等资源，满足读者多样化的阅读需求。

全民阅读推广活动形式更为多样。常见的阅读推广活动形式有读书节或读书月活动、图书馆推广活动、阅读挑战赛、网络阅读推广、阅读志愿者活动、校园阅读推广、家庭阅读推广等。全民阅读推广活动不仅有传统的图书展览、阅读讲座，还可以结合现代科技手段，组织线上阅读挑战、虚拟现实阅读等活动。这些活动形式新颖有趣，能够吸引更多人参与。根据不同人群的需求特点和兴趣设计不同的全民阅读推广活动，能让更多人体会到阅读的快乐，享受阅读的乐趣。阅读推广需要全社会的共同参与和努力，需要学校、家长、图书馆、出版社等各方携手合作，为孩子们营造良好的阅读环境和阅读氛围。学校需要加强阅读教学，引导学生养成良好的阅读习惯；家庭需要鼓励孩子多读书，陪伴他们共同探索书中的世界；图书馆需要提供丰富的阅读资源，举办各种阅读活动吸引人们参与；出版社则需要推出更多优质的儿童文学作品，满足人们多样化的阅读需求。

与此同时，全民阅读推广仍存在一些需要进一步解决的问题。具体应对措施如下。

第一，加大政府支持力度。政府的支持是推动全民阅读推广深入开展的重要动力。政府可以通过制定相关政策，鼓励和支持社区、学校等各方开展阅读推广活动，提高全民的阅读意识和阅读能力。推动全民阅读，政府需要进一步完善与全民阅读有关的基础设施和服务体系，引导和鼓励社会力量积极参与。推动全民阅读，政府需要采取更加积极的措施，包括提供阅读资源、推广阅读活动、加强阅读教育等。政府还应通过提供资金、政策支持和资源共享等方式来支持全民阅读推广工作。例如，设立用于支持公共图书馆建设以及完善社区书屋等基础阅读设施的专项资金；制定相关政策和法规，鼓励和支持各类社会组织和企业参与全民阅读推广活动；建立媒体宣传平台，发布全民阅读推广信息，提高公众对阅读的重视程度。

第二，提高社会认知度。随着社会的发展和人们文化素质的提高，人们对阅读的认知也在逐渐提高。人们意识到阅读对于个人成长和社会发展的重要性，开始重视阅读并积极参与阅读推广活动。提高社会对阅读的认知度，需要从教育入手。在中小学阶段，教育工作者就应该注重培养学生的阅读兴趣和习惯，让他们从小就养成爱读书的好习惯，还需要加强对成年人的阅读引导，让更多的人意识到阅读对于提升自我和开阔视野的重要性。提高了全民阅读的社会认知度，也就提高了公众对阅读的认知度和重视程度，也就有越来越多的人能了解到阅读的重要性和益处。政府和相关机构可以开展主题宣传活动，举办读书讲座，组织阅读分享会，让人们更加深入地了解阅读的意义和价值，或在社交、电视节目等媒体上进行广泛宣传，提高公众对阅读的关注度和参与度。

第三，加大媒体宣传力度。在全社会大力推广全民阅读，培育阅读新风尚，让书香弥漫在中华大地的每一个角落，是文化工作者的责任。媒体在提高社会对阅读的认知度方面扮演着重要角色。媒体应该加强对优秀出版物的宣传和推荐，让更多的好书进入公众的视野。媒体开设读书栏目、举办读书活动，也会引导公众关注阅读、参与阅读。利用电视、广播、报纸、杂志、互联网等媒体渠道，加强对全民阅读推广活动的报道，宣传阅读的重要性和价值，也能提高公众对阅读的认识和重视程度。例如，制作专题节目介绍优秀书籍和阅读方法，播放公益广告呼吁人们多读书、读好书，在社交媒体平台上发布相关文章或视频，引导公众养成良好阅读习惯并积极参与阅读活动。

第四，促进文化产业的发展。文化产业的发展可以为全民阅读推广提供更多的阅读资源和机会。书店、图书馆、出版社等文化机构积极开展阅读推广活动，可以为人们提供丰富的阅读内容和平台，满足公众的阅读需求。数字时代为阅读文化产业带来了新的机遇和挑战。应该积极拥抱新技术，推动数字化阅读平台的建设和发展，创新阅读产品和服务的形态和模式，以满足人们多样化的阅读需求。政策环境对于阅读文化产业的发展至关重要，政府应该加大对阅读文化产业的扶持力度，出台相关优惠政策，降低市场准入门槛，鼓励更多的企业和个人投身于阅读文化产业。文化产业是推动全民阅读推广的重要力量之一，政府可以加大对文化产业的扶持力度，鼓励企业创新或开发优秀的文学作品，推出更多的优秀作品供读者选择。还可以举办文学节、展览等活动，激发人们的阅读兴趣和热情，营造良好的文化氛围。全民阅读推广需要政府、社会各界和媒体的共同努力和支持，只有加强合作、共同推进，才能更好地满足人民群众的精神文化需求，提升国民素质和文化自信。

第五节　高校图书馆推广全民阅读的必要性

高校图书馆具有专业性和学术性，其服务全民阅读的功能主要通过阅读推广来实现。高校图书馆拥有丰富的图书资源，包括各种类型的书籍、期刊、报纸等，能满足不同读者的阅读需求。高校图书馆的藏书质量较高，涵盖了各个学科领域，也包括许多与社会生活相关的内容，如文学、历史、哲学、艺术等。高校图书馆为全民阅读提供了宝贵的资源，也为全民阅读提供了坚实的物质基础。高校图书馆是知识的海洋，是学生们探索世界、增长智慧的重要场所。高校图书馆应该积极开展阅读推广活动，引导学生们积极走进图书馆，爱上阅读。

高校图书馆有推广全民阅读的必要性。高校图书馆推广全民阅读，促进了学生的全面发展，培养了学生阅读兴趣和习惯，提高了学生获取信息的能力，推动了学术研究和知识创新，为树立文化自信贡献了力量。因此，高校图书馆应该积极采取措施，加强阅读推广服务，提高学生的阅读质量和效果，为推动全民阅读做出贡献。

第一，高校图书馆是推动知识传播与创新的平台。高校图书馆不仅是保存图书资料的地方，更是推动知识传播和创新的平台。高校图书馆在推广全民阅读的过程中，可以为学生提供学术前沿的资讯和研究成果资料。学生通过阅读这些资料，可以了解学科领域的发展动态，为学术研究和知识创新获取支持和帮助。高校图书馆的阅读推广活动通常由专业的图书馆馆员负责，他们有丰富的文献信息知识，并掌握了各种阅读推广技巧，能够为读者提供个性化的阅读建议和指导，能帮助读者提高阅读能力和阅读兴趣。读书久了，就会相信一些东西，会有一颗敬畏之心，有了敬畏之心，就知道什么是好的，应该去做，什么是不好、不可逾越的，不能去做。阅读对于培养个人品德和判断力的重要性是毋庸置疑的。高校图书馆开展阅读推广活动，可以鼓励读者阅读各类书籍，获取新知识，提高其综合素质，培养其个人品德和判断力，促进知识创新和社会进步。

第二，高校图书馆有能力帮助人们培养阅读兴趣和习惯。高校图书馆可以开展读书分享会、讲座、展览等阅读推广活动，鼓励读者与他人分享阅读体验，帮助人们培养良好的阅读习惯，提高人们的阅读兴趣和参与度。"读书好，好读书，读好书"，是冰心在《忆读书》中所述，是一位世纪老人在人生的黄昏对于读书的深切感悟。这句话简洁明了地阐述了阅读的价值和选择好书的重要性，只有培养良好的阅读习惯，才能从阅读中获得真正的收益。读书多了，容颜自然改变，许多时候，自己可能以为许多看过的书都成了过眼云烟,记忆不复存在,其实它们仍是存在的:在气质里,在谈吐上,在胸襟中,当然也可能显露在生活和文字里。阅读习惯的养成会潜移默化地改变一个人的气质和谈吐,甚至影响生活的方方面面。高校图书馆可以通过优化馆藏资源、提供舒适的阅读环境、推广阅读文化、提供个性化的阅读指导,以及利用现代技术提升服务等多种措施,有效地促进学生阅读习惯和兴趣的培养。

第三,高校图书馆有能力促进文化传承与发展。高校图书馆在推广全民阅读的过程中,可以促进文化的传承与发展。读者阅读经典著作、文学作品等,可以了解和传承优秀的传统文化,了解不同文化背景下的人们所具备的思想和价值观,参与文化交流与融合。高校图书馆在全民阅读推广中还能起到社会教育作用。高校图书馆作为一个公共文化机构,能向社会公众提供阅读服务,传播文化知识和科学知识,进而提高公众的文化素养和科学素养,促进社会文明进步。图书馆是知识的海洋,它为人们提供了广阔的学习空间。在图书馆中,人们自由地交流思想,分享知识,从而推动学术的进步和发展。图书馆是一个城市的灵魂。它不仅仅是一个藏书的地方,更是一个文化交流的平台。在图书馆里,人们自由畅快地阅读、思考、交流,这种氛围是其他场所无法比拟的。因此,图书馆应该成为推广阅读的重要阵地,让更多的读者在这里找到阅读的乐趣。

第四,高校图书馆推广全民阅读有利于学生全面发展。高校图书馆拥有丰富的图书资源和良好的阅读环境,可以为学生提供良好的阅读资源和服务。阅读不能改变人生的长度,但能改变人生的宽度;阅读不能改变人生的起点,但能改变人生的终点。在阅读中,学生扩大了知识面,培养了批判性思维,提高了语言表达水平,还提升了与人交流的能力。近代著名建筑学家梁思成曾在清华大学举办过一次学术讲座,题为"半个人的时代"。他提出,教育要将"理工"与"人文"结合,只重"理工"或只重"人文",只是"半个人"的教育。高校应把阅读推广看作人文教育的一部分，积极地传播书香，不只做好"半个人"的教育，而力求做到"全人"的教育。阅读既不姓"理"，也不姓"文"，它应该是"全校""全民"的，是教育的必需品。文理的结合有助于学生的全面发展，有助于学生提高综合素质。高校图书馆开展多样化的阅读推广活动，可以引起学生对阅读的兴趣，培养他们的阅读习惯。在推广全民阅读的过程中，图书馆为学生提供阅读指导和服务，可以帮助他们掌握获取、鉴别和利用信息的能力，从而让学生更好地适应信息社会的发展。

第五，高校图书馆推广全民阅读能提高自身的社会影响力。一个国家的文明程度可以在其图书馆的发展状况中反映出来。因此提升图书馆的社会影响力也是提升国家文明程度的重要途径之一。图书馆是人类知识的宝库，是促进社会和谐的重要力量，在知识传播和文化传承方面发挥着重要作用。美国主持人奥普拉·温弗瑞（Oprah Winfrey）就是一位热爱阅读的人。她利用自己的读书俱乐部和推荐书单，鼓励观众多读书、读好书。图书馆是社会上的人们自由地获取知识等宝贵资源的场所，对提高整个社会的文化氛围至关重要。美国前总统贝拉克·奥巴马（Barack Obama）曾于在任期间推出了多项阅读推广计划，鼓励美国民众，尤其是年轻人，多读书。图书馆是推广阅读和培养公民意识的重要场所，对于提高国民的文化素养和国家的国际竞争力具有重要意义。高校图书馆在推广全民阅读的过程中，应该与社区、企业、学校等机构合作开展阅读推广活动，让更多的人了解和使用高校图书馆的资源和服务，提高高校图书馆的社会影响力。

第六节　高校图书馆在全民阅读推广中的优势与作用

一、高校图书馆在全民阅读推广中的优势

高校图书馆具有丰富的资源、专业的服务、先进的技术手段、良好的阅读环境、广泛的读者群体和较强的社会影响力，应该充分发挥这些优势，为推广全民阅读做出更大的贡献。

第一，高校图书馆馆藏资源丰富。高校图书馆通常拥有丰富的馆藏资源，包括各种类型的书籍、期刊、报纸、电子资源等。这些资源涵盖了各个学科领域，包括社会科学、自然科学、人文科学等。高校图书馆的馆藏资源不但数量庞大，而且质量很高。它们通常会收藏一些珍贵的古籍手稿，这些资源对学术研究具有重要的价值。高校图书馆会定期更新和扩充其馆藏资源，以适应学科发展的需要。除了纸质的书和期刊，高校图书馆还能提供各种电子资源，如电子书、电子期刊、数据库等，方便学生在网上进行查阅和下载，大大提高了学生学习的效率，为学生们提供了便利。高校图书馆的丰富馆藏资源为学生提供了广阔的学习和研究空间，是学生在大学期间获取知识的重要场所。高校图书馆是受广大读者喜爱的地方，是一个宝贵的知识宝库，人们在这里获取各种信息。

第二，高校图书馆可以提供专业的学科服务。高校图书馆通常有专业的学科服务，以更好地满足学生和教师在学科领域的知识需求。学科服务由学科馆员或学科服务团队提供，他们具有相关的学科背景和专业知识，能够提供针对不同学科的个性化服务。学科馆员应与各院系保持密切联系，了解学科的发展动态和需求，为教学和科研提供支持。学科服务能为学生和教师提供针对学科领域的咨询和指导，帮助他们了解相关学科的

资源、工具和方法；建立学科导航系统，能帮助学生和教师快速找到所需的资源，包括书籍、期刊、数据库等。学科服务功能要求图书馆组织学科相关的培训活动或研讨会，帮助学生和教师提高学术研究和文献检索的能力，还能为学生和教师提供学科领域的评估服务，帮助他们了解自己的研究领域、研究方向和研究成果的价值，也能组织学科领域的学术交流活动，如研讨会、讲座等，促进人们在学科领域的交流和合作。

第三，高校图书馆有先进的技术手段。高校图书馆有较高的数字化建设水平，能为读者提供更多的数字化阅读选择。高校图书馆不仅拥有大量的电子图书、数据库等数字资源，还能提供各种数字化服务，如电子文献传递、远程访问、在线学习等。高校图书馆的数字资源涵盖了各种形式，包括期刊、报纸、多媒体资源等，可以满足不同读者的数字化阅读需求。高校图书馆有丰富的数字化技术手段，如创制数字化图书馆、移动图书馆等，可以为读者提供便捷、高效的数字化阅读服务。高校图书馆应积极推广数字化阅读，通过各种方式引导读者使用数字资源。它们可以提供数字资源使用指南、检索技巧等，帮助读者更好地利用数字资源。高校图书馆可以通过举办数字化阅读活动、推广数字化阅读等方式，提高读者对数字化阅读的认识和兴趣。国家新闻出版署出版融合发展（四川新华）重点实验室首席科学家、电子科技大学数字文化与传媒研究中心主任谢梅，在第二届全民阅读研究年会上提到了数字阅读在未来可能会代替纸质阅读的发展趋势，认为基于数字阅读的推广活动有必要受到更多重视。该年会在成都成华区东郊记忆的得到学习中心举行，由中共成都市委宣传部、韬奋基金会全民阅读促进会和四川新华出版发行集团有限公司主办。谢梅在此次年会上带来了《全民阅读研究成果发布》主题演讲，并在其中重点提到了数字阅读及其未来可能的发展趋势。基于数字阅读的推广活动的展开，将有助于培养人们的数字阅读习惯，提升其数字阅读素养。

第四，高校图书馆有良好的阅读环境。阅读环境应该舒适、宁静，并能与人共同分享阅读的乐趣,这样的环境才能够增强阅读的愉悦感和深度。高校图书馆通常具备良好的阅读环境,可以给学生提供一个舒适、安静的阅读和学习场所。高校图书馆的阅览室通常很大,能同时容纳许多学生阅读和学习。阅览室内的桌椅、灯光等设施都是经过精心设计和布局的,以为读者提供最佳的阅读和学习条件。高校图书馆通常能提供各种辅助设施,如电脑、打印机、复印机等,方便学生进行学习和研究。高校图书馆注重营造文化氛围,并常通过装饰、布局和宣传等方式,营造出充满文化气息和学术氛围的环境。例如,在图书馆内展示各种艺术品、历史文物和经典图书等,可以让学生感受到学术氛围和文化气息。高校图书馆具备良好的阅读环境,能让学生在一个安静、舒适并充满文化气息的环境中学习和阅读,提高学习效率,提升个人气质。

第五,高校图书馆的读者群体十分广泛。高校图书馆通常拥有广泛的读者群体,包括在校学生、教职工、校友等。这些读者来自不同的学科领域,专业背景和兴趣爱好各异,因此对于图书馆的资源和服务有着不同的需求和期望。对于在校学生来说,高校图书馆是他们进行学术研究和学习的关键场所。他们需要利用图书馆的资源和服务来完成课程作业、进行课题研究、参加学术竞赛等。因此,他们对于图书馆的资源类型、服务方式和借阅流程等都十分熟悉。除了在校学生,高校图书馆还需服务于教职工和校友。教职工通常需要利用图书馆的资源进行学术研究、发表论文、参加会议等,校友能利用图书馆的资源和服务了解母校的发展动态和校友活动等信息。

二、高校图书馆在全民阅读推广中的作用

高校图书馆在全民阅读推广中具有提供阅读资源、促进学术交流、培养阅读习惯、提供阅读指导、推动数字化阅读和促进全民阅读意识的提高等作用,并应该充分发挥这些作用,为推广全民阅读做出更大的

贡献。

　　第一，高校图书馆在全民阅读推广中能促进学术交流。高校图书馆拥有丰富的馆藏资源，包括纸质书、电子书、期刊、报纸等，能够为读者提供多种阅读选择，在全民阅读推广中促进学术交流。学术交流是科学进步的阶梯，它使人们能够站在巨人的肩膀上。学术交流在推动科学的发展中发挥着关键作用。图书馆是学术交流的重要平台，它为学者们提供了一个相互切磋、共同探讨的学术环境。在图书馆中，学者们交流最新的研究成果，分享最新的学术心得，能推动学术研究的深入发展。高校图书馆作为学术交流的重要场所，不仅提供了安静的阅读环境，还提供了开展各种学术交流活动的场所，如讲座、研讨会等，可以帮助学生了解学术前沿和动态，开阔学生的学术视野，进一步促进全民阅读推广。

　　第二，高校图书馆开展全民阅读推广活动能提高学生的自学能力。阅读和自学最好的地方就是图书馆，中国科学院院士、南昌大学原名誉校长、清华大学教授潘际銮在1990年写过的一篇题为《图书馆是培养自学能力的课堂》一文中，专门阐述了阅读对培养学生创新能力的重要意义。从某种意义上来看，图书馆比课堂还重要，要注意纠正学生光听课、满足于听懂课的学习倾向，让学生学会在图书馆找书、翻书，培养其独立钻研、独立思考的能力。高校图书馆内有专业的馆员和阅读推广人员，他们拥有丰富的文献信息知识和阅读推广经验，能够为学生提供个性化的阅读建议和指导，帮助学生提高阅读能力和阅读兴趣。图书馆会定期举办各种阅读推广活动，如读书竞赛、阅读讲座等，这些活动可以进一步提高学生参与阅读的积极性。高校图书馆为学生提供良好的阅读环境和氛围，可以让学生在图书馆中安静地阅读，享受阅读的乐趣，并逐渐形成自己的阅读方式。

　　第三，高校图书馆在全民阅读推广中能提供阅读指导。阅读不仅仅是用眼睛浏览，更是一种心灵的对话，阅读过程中要注意思考和感悟。在阅读指导中，图书馆工作人员不仅要关注读者读了多少书，更要关注他们在阅读过程中的思考、感悟和收获。最好的阅读指导是让读者自由选择他喜欢的书，然后尽可能深入地阅读，在阅读过程中读者的主体性和选择性可以得到充分的体现，这样读者才能够尽情发挥，愉快阅读。在阅读指导中，工作人员应该尊重读者的兴趣和选择，鼓励他们根据自己的喜好去挑选书籍，并在阅读过程中给予适当的引导和支持，帮助他们深入理解文本。高校图书馆的学科服务能够为读者提供专业的阅读指导，帮助读者更好地理解和掌握知识。黄俊在《图书馆阅读推广的理论与实践》一书中认为，阅读指导活动可以增加大学生多学科的知识积累和见闻，并使大学生在自己的学习和生活中获得更多体验和感悟；阅读指导还具有引导大学生体验社会活动、鼓励大学生积极探索未知世界、帮助大学生树立信心和希望的作用。图书馆可以为大学生提供良好的阅读资源和阅读环境，使大学生的情感与心灵得到丰富，加强其对自身、社会、大自然的认识，使大学生的创造力和想象力得到发展。图书馆还可以帮助大学生深刻领悟人性、友爱、和睦的真谛，让他们了解不同的生活方式和文化。在组织大学生参加阅读活动的过程中，图书馆馆员应积极参与大学生的导读工作，对大学生进行阅读指导，帮助大学生养成良好的阅读习惯，明确读书目的，树立正确的阅读观。

第七节　高校图书馆在全民阅读推广中的责任

高校图书馆在全民阅读推广中扮演着重要的角色。作为建设公共文化服务体系的重要力量，高校图书馆对于全民阅读的推广，有义不容辞的责任。

一、负责大学生的阅读推广

大学生是全民阅读推广的重要实施对象之一。他们是年轻人的代表,具有较高的文化素养和阅读需求。大学生应该多读经典,特别是中国传统文化经典。经典是中国传统文化的根基,只有阅读经典,大学生才能更好地理解中国传统文化,提高自己的文化素养。高校图书馆提倡大学生广泛阅读,不仅要读文学作品,还要读历史、哲学、科学等各个领域的书籍。阅读能开阔视野,增长知识,培养想象力,对于大学生的全面发展非常重要。

高校图书馆提供了丰富的图书资源,是大学生学习、研究的重要场所。图书馆是知识的海洋,是人们获取智慧、提升自我修养的重要场所。图书馆在提供智慧和修养身心方面的独特作用,也提升了图书馆的影响力。高校图书馆有责任向大学生进行阅读推广,培养他们的阅读习惯和阅读能力,使他们更好地适应未来的社会发展。大学生具有较高的阅读热情和学习能力。他们对于新知识、新思想、新文化有着强烈的渴望,在阅读中他们能开阔视野、拓展知识面,提高自己的综合素质和创新能力。阅读推广是文化传承与创新的基石。在阅读中,人们能够跨越时空,与古今中外的智者对话,从而丰富自己的精神世界。大学生在阅读过程中经过思考、总结、分享之后,将所学知识运用到实际生活中,可以促进知识的转化和传播。大学生还具有社交网络活跃和团体效应强大等优势,他们可以在同学、朋友、老师组织的阅读活动中相互影响、相互促进,养成良好的阅读习惯。

二、提供丰富的图书资源,为全民阅读提供基础保障

高校图书馆的藏书非常丰富,覆盖了各个学科领域,无论是文学、历史、哲学、经济、管理、法律等人文社科类图书,还是理工、农、医等自然科学类图书,都能够在高校图书馆找到。这些图书资源不仅包括

纸质书、期刊、报纸等传统出版物，还包括电子图书、数据库等数字化资源，能够满足不同读者的阅读需求。图书馆是大学的心脏，它为人们提供了许多学习和研究所需的纸质和电子资源。图书馆在学术研究中发挥着重要作用，丰富的纸质书和电子资源是学术进步的基石。图书馆是很多学者喜欢的地方，因为那里有无穷无尽的知识等待学者们去探索。图书馆是一个开放的知识殿堂，为读者提供了深入学习和研究的机会。图书馆使人能持之以恒地研习，进而增加自己的知识储备，每天在里面停留一两个小时，可使人获益良多，甚至完成继续教育，养成终身学习的习惯。图书馆作为图书资源的聚集地，为读者提供了持续学习和深入研究以及继续教育的机会，能帮助人们不断学习新的知识。

高校图书馆的图书资源质量也比较高，因为高校图书馆在采购图书时通常会进行严格筛选和评估，确保所购图书具有较高的学术价值和阅读价值。高校图书馆在采购图书时，或根据书商发来的征订数据，导入采访系统进行选书，或直接到现场进行样书选购。高校图书馆可以在采购前将关于采购的要求以网络的方式发布招标信息，邀请有实力的书商参加投标，中标方与图书馆签订购书合同，按照合同规定提供图书。不断更新和扩充藏书的高校图书馆，紧跟时代和学术发展的步伐，有时也会根据广大师生对图书文献的需求，进行补充采购。高校图书馆是大学生获取知识、提高自身素质的重要场所，其丰富的图书资源和优质的服务对于大学生的学习和成长具有不可替代的促进作用。

第三章　高校图书馆微信公众号与全民阅读推广的结合

第一节　微信公众号在高校图书馆中的应用

在信息爆炸的网络平台中，如何有效利用互联网来聚焦书香，引领读者了解图书馆服务项目，向读者展示馆藏资源，鼓励读者亲近书籍、热爱阅读，如何选择一个合适的新媒体平台并开展可持续的维护与发展工作，如何吸引读者的关注并进行日常的宣传与推广，这些问题都需要各高校图书馆思考，并进行精心的策划与运作。不论是丰富多彩的阅读活动，还是五花八门的新媒体平台，在丰富的推广手段背后，人们都有着一个共同的目标，就是希望在大学生形成世界观、人生观、价值观的重要时期，引导他们的求知渴望与阅读好奇心，丰富他们的课余文化生活，拉近学生与学校的关系，打造大学生阅读的重要平台。

微信公众号是企业与用户互动的重要平台，能帮助企业更好地了解用户需求，并提供更好的服务。如今，微信公众号已经成了一个非常重要的"生态系统"，连接了数亿的用户和数千万的商家。微信公众号对高校图书馆而言也可以发挥相似的作用，可以将无数的读者和图书馆紧密联系在一起。微信公众号作为一种新兴的社交媒体平台，为高校图书馆提供了更高效的服务渠道和更便捷的信息传播方式。微信公众号使图书馆实现了资源的移动访问和共享，读者通过手机等移动设备就可以随时随地访问图书馆的微信公众号，查询各种文献资源，获取最新的图书信息和服务动态。这种移动化的访问方式极大地方便了读者，提高了图书馆资源的利用率。

一、图书馆信息推送

高校图书馆可以利用微信公众号定期向读者推送图书馆的最新消息，如新书推荐、活动通知等信息，读者能在公众号上随时了解图书馆的动态，这提高了信息获取的效率和便利性。高校图书馆借助微信公众号进行信息推送是一种有效的推广方式，能够将图书馆的信息快速、准确地传递给读者。

微信公众号推送信息的精准度相对较高。微信公众号平台能分析用户的兴趣爱好、阅读习惯和行为特征等信息，针对不同的用户提供个性化的推送服务。微信公众号平台能根据后台的用户画像和用户行为数据判断用户的兴趣爱好和需求，从而将相关的文章、资讯、广告等信息推送给用户。这种精准推送的方式可以帮助公众号更好地触达目标用户，提高阅读率和转化率。微信公众号为图书馆提供了多种营销推广工具，如广告投放、粉丝活动等，以便更好地了解用户需求和行为，进一步优化推送策略，提高推送精准度。

微信公众号推送信息的实时性也相对较高。微信公众号平台通常会在较短的时间内对推文进行审核和发布，及时地将最新的信息、新闻和资讯传递给关注的用户。微信公众号还提供实时互动的功能，如评论、点赞和分享等。这能使用户及时地反馈自己的观点和看法，与公众号进行互动交流。这种实时互动也能帮助公众号更好地了解用户需求和反馈，及时调整推送策略，提高推送效果。推送微信公众号时，实时性的高低受多种因素的影响，如网络状况、平台系统等。

微信公众号的互动性很强。微信公众号除提供评论、点赞和分享等功能，让用户可以针对推文进行实时的反馈和互动之外，还可以帮助图书馆及时调整自身的推送策略，为人们提供更加符合用户需求的内容。微信公众号通过提供二维码等链接方式，可以引导用户进行互动，并转化用户，如使其扫描二维码关注公众号、参与活动、购买商品等。微信公众号有多种互动形式，如问答、投票、抽奖等，这些互动形式增强了用户参与感和互动性，也提高了公众号的活跃度和影响力。高校图书馆应灵活使用微信公众号的互动功能，在校园中营造热爱阅读的文化氛围，提高学生对阅读的兴趣。

微信公众号推送的信息相对来说更为个性化。微信公众号通过分析用户的兴趣爱好、阅读习惯和行为特征等信息，可以针对不同的用户提供个性化的推送服务，这种个性化的推送方式可以帮助公众号更好地触达目标用户，提高阅读率和转化率。微信公众号有订阅号消息个性化推荐功能，用户打开该功能，能根据自己的兴趣爱好和阅读习惯来定制推送的消息。高校图书馆应充分利用微信公众号的这类功能，有针对性地优化推送内容，为学生提供个性化的阅读指导。

微信公众号推送数据分析功能可以帮助公众号运营者更好地了解用户需求和行为，优化推送策略，提高推送效果。微信公众号提供了用户分析和图文分析等功能，可以帮助运营者了解用户的兴趣爱好、阅读习惯和行为特征等信息，分析推文的送达人数、阅读人数、分享人数等数据，从而让运营者评估推送效果和传播效果。微信公众号提供了菜单分析、消息分析等功能，运营者可以使用这些功能了解用户对公众号菜单和消息的使用情况，优化菜单设置和消息推送的策略，提高用户的使用体验和转化率。微信公众号提供了自定义分析功能，公众号运营者能自定义分析指标和数据范围，从而更加深入地了解用户需求和行为特征，优化推送策略和运营方式。高校图书馆应善用微信公众号的分析功能，提高推送效果，营造书香校园。

二、图书馆读者服务

微信公众号增强了图书馆与读者之间的互动和交流。高校图书馆利用微信公众号发布各种读者活动、问卷调查等信息，可以吸引更多读者参与活动和反馈。读者也可以通过微信公众号向图书馆咨询、提出建议等，促进图书馆服务的不断完善和提升。微信公众号拥有数亿的注册用户，覆盖了各个年龄段和兴趣群体，为阅读机构提供了广阔的读者市场。微信公众号支持文字、图片、语音、视频等多种形式内容的传播，便于阅读机构与读者进行实时互动，提升读者参与度。微信公众号的内容能迅速被用户分享至朋友圈、微信群等社交场景，实现内容的快速传播。

高校图书馆可以根据读者的阅读历史、兴趣爱好等信息，利用微信公众号的数据分析功能，为读者提供个性化的图书、文章、活动等信息推送。高校图书馆借助微信公众号的在线客服功能，可以为读者提供实时的图书查询、借阅咨询、活动报名等服务，提高服务效率。高校图书馆利用微信公众号的投票、问卷、抽奖等功能，可以组织线上互动活动，吸引读者参与。高校图书馆定期在微信公众号上发布优质的图书推荐、阅读心得、行业资讯等内容，可以提升公众号的内容价值。微信公众号在服务读者方面展现出了巨大的潜力和优势。图书馆应充分利用这一平台，不断创新服务模式，提升服务质量，为读者带来更加便捷、更为个性化的阅读体验。

三、高校图书馆资源推广

微信公众号的内容是吸引用户的关键。高校图书馆定期发布与图书馆资源相关的文章，如新书推荐、阅读指南、名人读书故事等，可以增进用户对图书馆资源的了解，提高用户阅读兴趣。微信公众号的内容排版要清晰美观，方便用户阅读。微信公众号有丰富的功能，如图文推送、自动回复、菜单栏设置等，高校图书馆应充分利用这些功能，分类展示图书馆的资源和服务，方便用户快速找到所需信息。高校图书馆可以借助微信公众号与用户进行互动，鼓励用户把公众号内容分享到朋友圈，扩大公众号的影响力，并与其他相关机构或企业进行合作，共同推广微信公众号。高校图书馆还可以利用微信提供的数据分析工具，对公众号的运营情况进行实时监控和分析。在了解用户的阅读习惯、兴趣偏好等信息后，高校图书馆能有针对性地优化公众号的内容和功能，提高推广效果。

第二节 微信公众号在全民阅读推广中的优势和重要性

一、微信公众号在全民阅读推广中的优势

微信公众号是一个非常重要的阅读推广平台，个人和机构能在这个平台上更好地与读者建立联系和互动。微信公众号成功运营的关键是有高质量且有独特性的内容，只有提供有价值的内容才能吸引和留住读者。微信公众号作为一种社交媒体平台，用户覆盖面极广，几乎涵盖了各个年龄段和职业群体。利用微信公众号进行阅读推广能最大限度地覆盖目标读者群体，提高高校图书馆阅读推广的效率和影响力。

微信公众号是一个非常有潜力的平台，可以为知识传播和分享提供巨大的便利，而只有在微信公众号平台上成功打造个人品牌并提供高质量的内容，才能在激烈的市场竞争中脱颖而出。微信公众号可以让图书馆借助后台数据分析和用户画像功能了解读者的兴趣、需求和行为特征，进而进行精准的全民阅读推广。微信公众号为人们提供了丰富的互动功能，如评论、点赞、分享等，方便读者之间进行阅读交流和阅读互动。在这些互动功能的影响下，高校图书馆可以与读者建立更紧密的联

系，了解读者的需求和反馈，进而优化全民阅读推广策略和服务质量。微信公众号还能根据读者的阅读偏好和需求为其提供个性化服务，如定制推荐、制订专属阅读计划等。

二、微信公众号在全民阅读推广中的重要性

微信公众号作为社交媒体平台，能快速、广泛地传播阅读推广信息，将推广内容推送给大量读者。长期在微信公众号上写作是较好的建立影响力的渠道，利用微信公众号持续地发表有价值的内容，吸引更多读者关注，就能逐渐建立起影响力。微信公众号可以把高校图书馆的阅读推广活动信息传递给更广泛的读者群体，提高阅读推广的覆盖面和影响力。

需要注意的是，运营微信公众号时要遵循"用户体验至上"的原则，不断优化阅读功能和阅读界面，让用户更方便地获取信息和服务。微信公众号应该是一个开放的平台，能够让更多的人和机构参与其中，共同创造价值。微信公众号在教育领域的应用还有很大的潜力，教育机构也可以利用微信公众号发布优质的教育内容，如教育理念、教学方法、课程资源等，与读者进行实时互动，解答读者的疑问，并为读者提供个性化的教育服务。微信公众号还支持多种形式的内容，如文字、图片、语音、视频等，活用这些形式可以使教育内容更加生动、形象、易于理解。利用微信公众号的数据分析功能，对读者的阅读习惯、兴趣爱好等进行分析，能为读者提供更加精准的个性化服务。微信公众号与教育机构的官方网站、在线教育平台等进行有机结合，可以形成一个完整的教育服务体系，为读者提供更加全面、便捷的教育服务。

第三节　微信公众号如何在全民阅读推广中发挥积极作用

将高校图书馆公众号推广内容变得更加丰富、更有互动性和更为个性化，才能进一步推动高校图书馆的阅读推广工作。

一、丰富公众号推广形式

高校图书馆可以利用社交媒体平台（如微信、微博、抖音等）进行推广，将公众号的内容分享到这些平台上，以吸引更多的关注者。高校图书馆发布有趣、有价值、有吸引力、互动性和话题性较强的文章、视频、图片等内容，可以吸引用户关注和转发，并利用平台的分享功能和社交网络，扩大公众号的传播范围。

丰富公众号的推广形式需要制作推广海报。在制作海报之前，要明确目标受众。选择一个与公众号相关的主题，将有助于吸引目标受众的注意力。主题应该是简洁明了、容易让人理解的。图像是海报设计中最重要的元素之一。使用高质量、吸引人的图像可以吸引人们的注意力，并让他们对公众号产生兴趣。标题是海报上最先被人们看到的内容，因此必须醒目、简洁、有力。标题应该能够概括公众号的主题或主要内容。而且，应在海报上突出公众号的亮点和特色，并在海报上提供一个清晰的公众号二维码，方便人们直接扫描并关注公众号。

丰富公众号推广形式是为了进行内容营销，提高互动参与度。内容营销是一种通过提供有价值、有吸引力的内容来吸引目标受众的营销方式。除了文字内容，运营者还可以制作音频、视频、图片等多种形式的内容，以满足不同用户的需求。通过统一的视觉形象、语言风格和价值观等元素，人们还可以强化公众号独特的品牌形象和标识印象。丰富公众号推广形式还可以提高互动和参与度。利用微信、微博、抖音等社交媒体平台，发布公众号的内容和二维码，可以吸引用户关注和转发。进行内容营销需要制作高质量的内容、确定目标受众、丰富内容形式、建立品牌形象、进行互动、定期更新，以及运用社交媒体等多种方法相结合，才能达到更好的推广效果。

人们可以利用大数据和人工智能技术丰富公众号的推广形式。高校图书馆可以借助公众号提供移动端服务，如建立移动图书馆，提供在线阅读、数字资源下载等服务，方便读者随时随地获取阅读资源。高校图书馆可以制作有趣的虚拟现实体验内容，如虚拟旅游、虚拟游戏、虚拟音乐会等，吸引用户关注和参与，可以将这些内容发布在公众号上，让用户通过扫描二维码或点击链接来体验。高校图书馆利用虚拟现实技术展示产品，可以让用户利用虚拟现实技术了解图书馆的特点和功能。高校图书馆利用公众号可以宣传和组织各种阅读推广活动，如读书分享会、讲座、展览等。高校图书馆建立读者社群，为读者提供一个交流和分享的平台，可以增强与读者之间的联系和互动，根据公众号的数据分析功能，可以了解读者的阅读习惯和需求，优化阅读推广策略和服务，并方便与其他高校图书馆或相关机构联合推广，增强公众号的影响力，扩大公众号的覆盖面。高校图书馆借助增强现实或虚拟现实技术，也可以为读者提供沉浸式阅读体验，增加阅读的趣味性和互动性。

二、加大高校图书馆公众号的宣传力度

加大高校图书馆公众号宣传力度，可以让读者更好地利用校内资源。设计新颖别致的宣传标语，会吸引广大师生的注意力。例如，与书为伴，不负韶华；关注图书馆公众号，随时随地畅游知识海洋；智慧的火花在图书馆碰撞，创新的思维在这里启航；关注图书馆公众号，掌握最新资讯，开启智慧之旅；名人的成功离不开书籍的滋养，图书馆是他们汲取知识的宝库；图书馆是知识的海洋，而微信公众号是我们随时随

地探索这片海洋的指南针；在图书馆的微信公众号里，每一篇文章都是一扇开启智慧之门的钥匙；图书馆微信公众号是连接读者与知识的桥梁，能让智慧的火花在指尖绽放；关注图书馆公众号，让智慧的火花在指尖绽放，与知识同行，成就非凡人生；等等。

　　图书馆举办与阅读有关的活动也能提升高校图书馆公众号的宣传力度，如读书分享会、讲座、展览等，可以鼓励学生参与并在活动过程中推广公众号。高校图书馆可以建立读者社群，将喜欢阅读的学生聚集在一起，分享阅读心得、推荐好书。高校图书馆与校内社团或组织合作，利用校园海报、宣传专栏、校园广播、高校网站等也能宣传图书馆公众号，引起众多读者关注，扩大图书馆公众号的影响力。高校图书馆提供高质量的阅读内容，制作有趣的、有吸引力的文章或视频，可以吸引学生关注公众号。在社交媒体平台上宣传图书馆公众号，如微信、微博、抖音等，可以为公众号吸引更多关注者。高校图书馆引导读者关注图书馆微信公众号，介绍公众号的功能和优势，提供关注有礼等激励措施，可以让读者感受到参与的乐趣和价值，自愿地关注和使用图书馆的微信公众号。在数字时代，图书馆公众号就像是人们随身携带的知识宝库，它让阅读的力量无处不在，随时随地滋养人们的心灵，为人们提供了获取知识、开阔视野的重要平台。

第四章 高校图书馆全民阅读推广的实践——以湖北科技学院图书馆为例

第一节 让读书成为习惯，让书香溢满校园

一、湖北科技学院第一届校园读书文化节活动

（一）湖北科技学院第一届校园读书文化节活动策划

1. 活动目的

大学是知识积累的黄金期，利用大学有限的时间创造无限的价值非常重要。培根曾说："读史使人明智，读诗使人聪慧，数学使人精细，哲理使人深邃，伦理学使人庄重。"的确，读书就是要"但当涉猎"，阅读各类书籍。唯有如此，方可"笼天地于形内，挫万物于笔端"，只有"读万卷书，行万里路"的人，才能涵养刘勰在《文心雕龙》里所提到的文者之气。为了营造浓郁的人文与科学氛围，激发学生读书创作的热情，特举办了此次读书节活动。

2. 活动主题

让读书成为习惯，让书香溢满校园。

3. 活动时间

2012年3月到4月。

4. 活动地点

图书馆门口，东、西区食堂门口。

5. 活动对象

湖北科技学院全体学生。

6. 组织单位

主办单位：校图书馆、校党委宣传部、校团委。

承办单位：临床医学院、生物医学工程学院（现生物医学工程与医学影像学院）、基础医学院、行知社、凤凰文学社、读者协会、绿雪诗社。

7. 活动内容

1）第一板块：阅读调查问卷

（1）在全校范围内发放阅读调查问卷。

（2）以询问学生每周、每月去几次图书馆，喜欢什么样的书等问题为主。

（3）最后统计调查结果。

2）第二板块：征集文章、字画

（1）征文。

①从3月开始在全校各院和各社团范围内征集文章。

②文章以"书缘、书趣、书乐"为主题。

③校报编辑部的老师担任评委。

④获奖者可以获得证书、奖品，在校报中发表获奖作品，并在第二板块的活动开展期间在图书馆门口展览获奖作品。

⑤征文要求如下。

a. 根据主题联系自身读书经历构思成文。

b. 内容健康，积极向上，紧扣主题。

c. 体裁不限。

d. 必须为作者本人原创作品，抄袭作品者，一经发现即取消参赛资格。

⑥征文截止时间为 2012 年 4 月 18 日。

⑦征集方式：投稿者请将稿件发送至 m18071871193@163.com，并详细写出班级、姓名、联系方式等信息，方便联系。

（2）征集字画。

①向全校师生征集书法、绘画（国画为主）作品。

②书法内容要求与书相关，如"名人名言""格言警句"等，绘画主题内容不限。

③获奖者获得证书、奖品，并可以把字画装裱起来，挂在图书馆特定区域。

④评奖：征集文章、字画结束后，专家评审委员会从所有应征稿件中评选出一、二、三等奖和优秀奖，并对获奖者予以表彰奖励。

3）第三板块：开幕式和现场活动

（1）开幕式。

① 由各协会准备开幕式各节目。

② 开幕式以朗诵经典诗文等节目为主。

③ 时间为 30 分钟到一个小时。

④ 流程：a. 主持人开场；b. 校领导、图书馆领导致辞；c. 开幕式节

目；d. 留言板展示。

　　期间，主持人介绍读书节意义、内容等。

　　（2）现场活动（分区简介）。

　　①A区为知识竞答区。

　　a. 题目包括图书馆的相关知识（如图书馆有多少藏书、有多少相关设施等）和传统知识竞赛中的题目等。

　　b. 设一个活动总点（图书馆门口），两个分点（东西区食堂门口）。分点用以抽题，总点为答题领奖品处。

　　c. 优胜者奖励奖品。

　　d. 采用团队赛和个人赛、抢答赛等模式。

　　②B区为图书漂流区。

　　a. 鼓励各学院学生捐出自己读过的书，由各学院代理人在指定活动地点组织换书活动，让全校师生都能拿他们的书刊到活动地点交换到自己满意的图书，或低价出售。

　　b. 建立湖北科技学院图书漂流社，将活动中的剩余图书捐献给希望工程。

　　③C区为书店图书展销区，用于开展子活动。

　　a. 邀请咸宁市各大书店前来开展图书促销活动。

　　b. 书籍以教辅资料（考研、英语四六级和计算机二级等方面的资料书）和名著为主。

　　c. 在主活动当天设立一个集合点（图书馆门口），第二天开始设立两个集合点（东西区食堂门口），集中卖书，持续3天左右。

　　④D区为大赛优秀作品、好书推荐和图书馆破损书籍展览区。

　　a. 展示征文大赛优秀作品、经典好书书目和图书馆破损书籍。

　　b. 展示一些宣传图书馆的图片。

　　⑤E区为留言区。

　　a. 现场同学可以针对某部作品在便利贴上写出一到若干条格言作为

读后感或读书的总体感言。

b. 每条格言可另附300字以内的文字说明，介绍格言产生的过程、背景及阅读感受。

⑥F区为图书馆志愿者报名区。

a. 志愿者在接受过图书馆工作人员的相关培训后，对图书馆书籍进行管理。

b. 管理形式有整理图书馆书籍等。

8. 任务分工

1）图书馆方的任务

（1）提供部分经费。

（2）提供知识竞答区的部分题目和答案。

（3）提供经典好书的书目、图片还有破损的书。

（4）组织志愿者培训。

（5）列出出席读书节活动的领导名单。

2）校团委的任务

（1）提供部分经费。

（2）给证书和宣传稿盖章。

（3）派人监督活动。

3）承办单位的任务（按照子活动分配任务）

（1）征文：七个承办单位各出一名负责人，临床医学院代表伍玉鑫为总负责人。

（2）开幕式：三个院系学生会文艺部各出一名负责人，社团各出一名负责人，绿雪诗社会长田智刚为总负责人。

（3）知识竞答：每个院系的学生会学习部各出一名负责人，社团各出一名负责人，读者协会会长谭志岢为总负责人。

（4）图书漂流：七个单位各出一名负责人，医工院代表为总负

（5）书店图书展销由行知学社、基础医学院学习部、临床医学院的代表共同负责。

（6）大赛优秀作品、好书推荐和图书馆破损书籍展览由临床医学院负责。

（7）图书馆志愿者：三个院系学生会社会实践部出一名负责人，社团各出一名负责人，临床医学院的朱瑞婷为总负责人。

（8）统一宣传：三个院系学生会宣传部出一名负责人，社团各出一名负责人，临床医学院邓国麟、唐方明为总负责人。

（9）与图书馆联系总负责人：吴芳芳、朱瑞婷。

（二）湖北科技学院第一届读书文化节开幕式致辞

2012年4月27日湖北科技学院第一届读书文化节开幕式领导致辞如下。

各位来宾、各位领导、老师们、同学们：

大家上午好！

激情四月，青春飞扬。在这鸟语花香、春光明媚的美好季节，第18个"世界读书日"悄然而至，在湖北科技学院第一届党代会胜利闭幕之际，我们迎来了湖北科技学院第一届校园读书文化节。首先，我谨代表学校党委向在学校各个岗位上默默奉献的教职员工致以崇高的敬意，向出席今天开幕式的来宾、领导表示热烈欢迎，向所有为筹备本次读书节付出辛勤劳动的老师和同学表示衷心的感谢，并对参加和关注支持本次读书节的广大师生致以亲切的问候！

这次读书活动意义重大，是积极响应中央与地方各部门开展全民阅读活动号召的有力举措。读书活动有利于引导大学生树立远大理想，弘扬尊重知识、崇尚文明的阅读理念，坚定为中华民族伟大复兴贡献青春的信念。为了响应咸宁市委、市政府的号召，积极参与"快乐阅读·书香咸宁"全民阅读活动,4月16日我校向咸宁市妇联捐赠书刊两千余册。

本届读书节的主题是"让读书成为习惯,让书香溢满校园"。本届读书节将和即将重点推出的"好书推介"图书展评、"爱心书递"图书漂流、"成长感悟"青年征文、"精品佳作"作品评选、"经典回响"美文诵读、"文化校园"图书巡展、"读书成才"典型表彰等活动一起,为全校师生读书学习创造有利条件,搭建广阔舞台。

读书是与高尚的人"对话",读书是心灵的"旅行"。阅读一本好书,能够启迪人们的智慧,开拓人们的思维,丰富人们的阅历,净化人们的心灵。举行本届读书节,是希望全体师生与好书为友,共同徜徉书海,沉浸于阅读,真正让读书成为生活的一部分,成为生命的一部分。希望通过这次活动,引导师生感受文字之美,享受读书之乐,养成热爱读书、博览群书的好习惯,从而开阔眼界,拓宽知识面,陶冶情操,涵养性情;希望通过这次活动,更好地营造校园文化景观,有效地引领和推动我校读书活动的深入开展,在校园内形成爱读书、读好书、会读书的良好风气,为营造书香校园奠定基础,从而不断地丰富校园文化内涵和底蕴,彰显校园文化特色,促进和谐校园全面发展。

最后,预祝湖北科技学院第一届读书节圆满成功!祝愿更多的"读书明星"在校园里诞生!殷切期望读书节能继续开办下去。

(三)学校第一届读书文化节之新东方英语四六级备考冲刺讲座

2012年4月23日晚上6:30,湖北科技学院学校图书馆的一楼学术报告厅座无虚席(图4-1)。图书馆有幸邀请到了新东方名师刘云龙、徐劼祥老师,给广大学生讲授英语四六级听力、阅读的要点与考试技巧。

刘云龙老师分析了同学们在听力考试中听不懂的原因,并现场教同学们朗读平时不易准确发音的单词、词组,如"think"和"thank you"。他将英语听力考试的应试技巧归纳为四条：掌握最近几年的英语四六级考试听力真题词汇的含义；利用有声词典记住读不准的单词的发音；进行严格的平时训练，培养良好的考试心理素质；分阶段、有重点地重复做历年的听力真题。

徐劼祥老师就英语四六级阅读理解部分给同学们提出了建议。他先分析了阅读和听力在英语四六级考试中的地位，然后通过几道历年的四六级阅读真题分析了阅读理解题的答题方法和技巧。

讲座的最后还进行了现场互动和抽奖环节。两位老师激情澎湃的授课风格，妙趣横生的授课艺术，融合对四六级听力和阅读的独特见解与精准分析，为师生完美呈现了一场英语盛宴，赢得了广大同学的阵阵掌声，激发了学生学习英语的热情，同时增强了他们通过英语四、六级考试的信心。

图4-1　新东方英语四六级备考冲刺讲座现场

二、湖北科技学院第二届校园读书文化节活动

（一）湖北科技学院第二届校园读书文化节活动策划

1. 活动目的

举办第二届校园读书文化节活动旨在激发师生的读书热情，培养师生良好的阅读习惯，让师生在阅读中增长知识，开阔视野，提升文化素养和人文精神；营造浓厚的读书氛围，打造特色书香校园，推动校园文化的繁荣和发展；通过阅读，让师生从书本中得到心灵的慰藉，找到生活的榜样，净化自己的心灵，提升道德品质；借助读书文化节活动，加强学校与家长、社会的联系，展示学校的办学成果和师生的阅读成果，提升学校的知名度和美誉度。为进一步营造浓郁的人文与科学氛围，激发学生读书创作的热情，特举办了此次读书节活动。

2. 活动主题

春天·书香·读书人。

3. 活动时间

2013年3月到5月。

4. 活动地点

图书馆门口，东、西区食堂门口。

5. 活动对象

湖北科技学院全体学生。

6. 组织单位

主办单位：湖北科技学院图书馆、湖北科技学院团委学生会。

承办单位：临床医学院、五官医学院（现口腔与眼视光医学院）、数学与统计学院、生物医学工程学院、体育学院、鄂南文化研究中心、行知学社、书法协会、凤凰文学社、读者协会。

7. 活动内容

活动分为六个板块。

1）第一板块：阅读调查问卷

（1）在全校范围内分发阅读调查问卷。

（2）问卷内容包括学生每周、每月去图书馆的次数，喜爱的书籍类型等问题。

（3）汇总并详细统计调查结果，以了解学生的阅读习惯和兴趣。

2）第二板块：征集文章和字画

（1）征文。

①从3月起，向全校各学院广泛征集文章。

②文章主题为"文学园地培养人才，湖科学子书写华章"，鼓励学生写出他们与书的故事。

③文章先由学生干部评委团初审，再由校报编辑部的老师进行复审，确保公平公正。

④获奖者将获得证书和奖品，作品不仅将在校报上刊登，还将在图书馆门口进行展览。

（2）征集字画。

①向全校师生广泛征集书法和绘画作品（以国画为主）。

②书法内容须与书籍相关，如"名人名言""格言警句"等，绘画主题则不做限制，鼓励自由创作。

③获奖者将获得证书和奖品，获奖作品将装裱后悬挂在图书馆的特定区域，供大家欣赏。

（3）评奖。

征集文章和字画活动结束后，由大学生读书节评审委员会从所有投稿中评选出一、二、三等奖和优秀奖。评审过程公开透明，获奖者也将受到表彰和奖励，以激励更多学生参与和关注阅读与创作。

3）第三板块：朗诵比赛

（1）主题：放飞梦想，给力青春。

（2）比赛分为初赛和复赛两场，一等奖可作为读书节开幕式节目。

4）第四板块："一战到底"知识竞答

（1）提前出好120道题目，随机抽取30道，共4套，发给各班。

（2）活动在东西区同时进行，做好活动前期宣传。

5）第五板块：读书节系列活动之"漂流书屋"

（1）收集闲散图书，并进行登记、编号，贴上"漂流书屋"标识，再将书放到"漂流书屋"，进行图书漂流。

（2）所收集的书在图书馆分类展览，并宣布漂流书屋正式成立。

6）第六板块：读书节系列活动之读书节开幕式

（1）组织意义：弘扬刻苦读书精神，展现大学生积极向上的精神面貌。

（2）2013年4月27日开幕，开幕式以领导演讲为主，文艺节目为衬。

2013年4月27日上午，湖北科技学院第二届读书文化节开幕式在温泉校区图书馆举行。时任校党委书记的夏再兴，时任校长的吴基良，时任党委副书记的彭育园，副校长白育庭和相关院部主要负责人出席。校长吴基良宣布第二届读书文化节开幕。

副校长白育庭代表学校致辞，向出席本届读书文化节开幕式的来宾、领导表示热烈欢迎，向所有为筹备本届读书文化节付出辛勤劳动的老师和同学表示感谢，并对参加和关注支持本届读书文化节的广大师生致以亲切问候。本届读书文化节活动的主题是"春天·书香·读书人"。创书香校园，做儒雅学子。副校长白玉庭期望本届读书文化节能总结和展示过去广大师生的读书成果，加快学习型、书香型、特色型校园文化的建设，进一步激发全校师生读书的兴趣，营造浓厚的读书氛围，助力师生养成良好的读书习惯，提高师生的审美修养和人文底蕴，促进师生全面健康可持续的发展，并祝愿第二届读书文化节取得圆满成功。

活动期间，校领导分别为读书文化节题词，祝愿读书文化节越办越好。

在开幕式上，时任图书馆副馆长的孙智宣读《捐书倡议书》，希望全体师生积极响应捐书号召，献出自己的一份爱与力量，为图书馆的建设和学校宏伟蓝图的实现做出自己的贡献。

最后，本届读书文化节开幕式在弘扬刻苦读书精神的文艺演出中落下帷幕。

湖北科技学院第二届校园读书文化节活动现场如图4-2到图4-9所示。

图4-2 活动剪影：大学生课外阅读调查

图4-3 活动剪影：朗诵大赛参赛选手与评委合影

图4-4　活动剪影："一站到底"知识竞答　　图4-5　活动剪影：漂流书屋

图4-6　活动剪影：陈汝定教授讲座现场　　图4-7　活动剪影：舞蹈表演我爱我家

图4-8　活动剪影：书画大赛获奖作品　　图4-9　活动剪影：读书节倡议签名活动

（二）第二届读书节系列活动之大学生课外阅读调查方案

1.调查背景

在全面实施素质教育的今天，课外阅读是提高学生素质的重要途径之一。众所周知，提高一个学生的综合素质，仅局限于课本知识是远远不够的。因此，要想提高学生的素养、拓展其知识面，就应该了解其在课外阅读方面的基本情况，探索指导学生进行课外阅读的方法，以向学生提出合理的建议，有针对性地给予指导和帮助，让学生对课外阅读产生兴趣，养成课外阅读的习惯，从中获取知识，受到熏陶。在当代大学生多数人心态浮躁、急于求成的社会大背景下，了解大学生的课外阅读现状很有必要。

2. 调查目的

了解湖北科技学院大学生的课外阅读情况，及时发现存在的问题，促进大学校园良好读书风气的形成。

3. 调查对象

湖北科技学院中心校区全体学生。

4. 调查方式

问卷调查法（发放300份问卷）。

5. 调查内容

课外阅读的目的、时间长短、阅读场所、书的类型及内容范围、书的来源等。

6. 调查步骤和时间安排

第一阶段：总体策划出炉，初步设计出调查问卷。

第二阶段：正式确定调查问卷并打印，大致确定调查人数。

第三阶段：从4月15日起在东、西区宣传栏发放调查问卷，收集相关信息，直到300份调查问卷全部填写完毕。调查现场如图4-10所示。

第四阶段：统计并分析调查资料，撰写调查报告，公布报告。

7. 组织单位

主办单位：湖北科技学院图书馆、湖北科技学院团委。
承办单位：临床医学院、数学与统计学院。

8. 人员组织与工作安排

东区：数学与统计学院肖善。
西区：临床医学院周龙飞。

图 4-10　调查现场

（三）湖北科技学院第二届读书节系列活动之书画大赛

为丰富校园文化生活，展现中国书画艺术魅力，继承和弘扬传统的国粹文化艺术，增强大学生对于祖国古典文化的热爱和对民族灿烂文明的认同感，激发大学生的爱国爱乡热情，提高当代大学生的艺术修养、审美情趣，给书画爱好者提供展现自我价值的平台，促进书画爱好者之间的交流，培养学生各方面的素质，为师大校园增添生气，提高当代大学生的审美情趣、艺术修养，特举办此次书画大赛。

1. 活动主题

用艺术张扬个性。

2. 组织单位

主办单位：湖北科技学院图书馆、湖北科技学院团委。
承办单位：临床医学院、书法协会。

3. 活动时间

2013年3月25日至4月18日。

4. 活动参与对象

湖北科技学院全体学生。

5. 宣传及作品收集

海报宣传，由班级宣传委员或作者本人将本班作品或个人作品交给书法协会负责人，然后经评委团进行评选，选出优秀作品。作品收集于4月10日截止。

6. 作品评选

1）作品要求

内容健康向上，能展现当代大学生的综合素质，引导大学生用艺术的美感悟人生。作品务必注明参赛者的姓名、班级、联系方式。

书法类：毛笔、钢笔（字体不限，卡通字体除外）。

绘画类：国画、素描、水粉、漫画、手工艺彩绘（剪纸）。

2）评选标准

（1）书法类作品。

书法类作品应纸面整洁、规范正确、结构紧凑、笔画生动、字迹清晰、字体端正、排列整齐、章法合适、落款恰当。

（2）绘画类作品。

绘画类作品应内容积极健康、画面结构比例恰当准确、主题明确、画面中心内容突出、勾线自然、内容新颖、富有个性，同时应造型美观、制作精细、构思新颖、富有想象力和创造力。

3）作品评审

（1）时间：4月11日—4月15日。

（2）方式：将作品按不同类别分组，由书法协会和临床医学院初审，选出优秀作品，请书法协会指导老师复审，评出奖项。

（3）获奖名单在东西区宣传栏公布，获奖作品将在图书馆大厅展览，读书节开幕式由受邀嘉宾为获奖者颁发奖品及荣誉证书。

（4）所设类别：书法组、绘画组。

（5）评奖名额及奖品。

书法组：一等奖1名，奖品为笔记本一本和钢笔一支（15元左右）。

二等奖2名，奖品为笔记本一本和中性笔。

三等奖3名，奖品为笔记本一本。

绘画组：一等奖1名，奖品为笔记本一本和彩铅笔（15元左右）。

二等奖2名，奖品为笔记本一本和中性笔。

三等奖3名，奖品为笔记本一本。

另选4篇书法组优秀作品，设绘画组最佳创意奖4名。

（四）湖北科技学院第二届读书节系列活动之"漂流书屋"

1. 活动背景

图书漂流，起源于二十世纪六七十年代的欧洲，读书的人将自己读完的书随意放在公共场所，捡获这本书的人可取走阅读，读完后再将其放回公共场所，让下一位爱书人阅读，如此让图书"漂流"。如今，这种好书共享方式已不局限于把书投放在户外，在学校人们也可以把书收集起来，构建一个"漂流书屋"，不用借书证，不需要付押金，就可以取走图书，也没有借阅期限。这不仅能营造读书氛围，还能促进学生之间的相互交流。

2. 活动目的

为了引领和推动湖北科技学院读书活动的开展，鼓励全校师生以书为友，养成良好的读书习惯，营造读书氛围，促进校园文化发展，读者协会以读书节为契机举办"漂流书屋"活动，聚集师生闲散的图书，让书籍得到充分利用，实现了图书资源的共享，让学生体会到了知识共享、共同学习的意识，促进了学生之间的相互交流，同时积极倡导了诚信读书，宣传助人为乐、无私奉献的美德，助力构建和谐校园。

3. 活动主题

知识因传播而美丽，诚信因传递而笃实。

4. 组织单位

主办单位：湖北科技学院图书馆、湖北科技学院团委学生会。
承办单位：临床医学院团委学生会、读者协会。

5.活动时间

开始时间：2013年3月25日。

6.活动地点

湖北科技学院图书馆。

7.活动对象

湖科全体师生。

8.活动形式

（1）收集闲散图书，并进行登记、编号并贴上"漂流书屋"标识，再将书放到"漂流书屋"，进行图书漂流。

（2）"漂流书屋"的图书可以免费取阅，但需登记。阅读后可以在书本附带的"读书感言卡"上写上留言或读书心得。漂流图书要自觉归还到"漂流书屋"，继续图书漂流。

（3）图书馆设有爱书留言簿，同学可以在留言簿上留下想阅读的图书信息及自己的联系方式。每周公布一次留言信息，以供拥有图书的同学把图书转交给下一位同学。

（4）根据登记情况及读书感言卡的留言，每月评选"十佳漂流图书""十佳阅读之星""十佳读书感言"。

9.活动安排

1）发动与筹备

（1）制作宣传海报、宣传单及横幅，并在图书馆网站上发布消息。

（2）设置专门的赠书摊点，收集书籍，并进行登记。

（3）选择"漂流书屋"地点，布置漂流书架，设计"读书感言卡"，制作"图漂登记本""爱书留言簿""图漂公布栏"。

（4）编制书籍漂流号的编号规则，进行书籍编号，粘贴"读书感言卡"，并上架。

2）管理模式

（1）工作人员每日定时到"漂流书屋"进行检查，了解登记和借还情况。

（2）如有书未经登记而被取走，则被标记为被盗书籍，工作人员记下书名，以备追查。

（3）每周翻查一次"爱书留言簿"，公布留言簿中的索书信息，以便拥有图书的漂友给下一位漂友转书。

（4）每个月定期统计借还登记情况，并选出最佳读书感言，评选出"十佳漂流图书""十佳阅读之星""十佳读书感言"。

（5）定期收集图书，增加漂流图书数量，并在"图漂公布栏"公布漂流新书。

10. 图漂方式

读者以诚信读书，不需要任何手续就可以无限期借阅图书，读完后读者可以在"读书感言卡"留下感言及"漂名"（类似网名），然后归还图书，让图书继续漂流。在"漂流书屋"中，人们可以设置"爱书留言簿"，让漂友留下想看的图书信息，并为读者提供转书平台。活动中还可以设置"图漂公布栏"，公布最新漂流新书和"爱书留言簿"的图书信息等。

1）赠书方式

赠书者可到赠书摊点赠书，或者联系"漂流书屋"负责人赠书。赠书者均可在扉页或另贴的小页上写赠言、感想以及交友信息。

2）取书方式

漂流图书不用借书证，不需要付押金，也没有借阅期限。取书者进行详细登记后方能领书,每人每次仅限领取一本。

3)爱书要求

领取漂流图书的人为受漂者,受漂者阅读时,要保持图书清洁和页面完整,读完漂流图书将其自觉归还到"漂流书屋"。

4)留言方式

受漂者读完漂流图书后,可在书本附带的读书感言册上写留言或读书心得,并留下"漂名"。

5)索书方式

在"爱书留言簿"上留下自己的姓名、想看的书、联系方式,以便拥有图书的漂友转书。

6)转书方式

漂友在阅读完漂流图书后,将书归还到漂流书架,则可转给下一个漂友,或者根据图漂公布栏的图书信息联系漂友。

7)还书方式

将漂流图书归还到漂流书架,并在"图漂登记本"上标记"已还"即可。

11. 注意事项

组织者应在"漂流书屋"留下负责人联系方式,方便赠书者捐书。

(五)湖北科技学院第二届读书节系列活动之朗诵大赛

1. 比赛主题

放飞梦想,给力青春。

2. 比赛目的

展示湖北科技学院学子的特色风采,张扬大学生的青春活力、风发意气，展示青春风采，激发大学生对学习的热情。

努力弘扬优秀传统文化，广泛开展传统诗文教育，提高大学生的艺术品位，丰富大学生的业余文化生活，陶冶大学生的高尚道德情操，进一步营造良好的学习氛围。

促进朗诵艺术的发展和普及，推广普通话，锻炼大学生的口头表达能力，丰富其日常生活、文化生活，推动校园文化建设，营造学术氛围，提高大学生综合素质，增进大学生之间的同学情谊。

宣传广播站的重要性，提高广播站的知名度，增进广播站各成员之间的感情与交流。

3. 比赛方案

（1）参赛方式：以个人形式或2到6人的组合形式。

（2）报名时间：2013年3月25日—4月8日。

（3）比赛时间：初赛4月10日，决赛4月15日。

（4）比赛地点：初赛和决赛均在教学楼第3栋202室。

4. 比赛要求

各班学习委员、文体委员要做好本班选手的选拔工作，提前三日把参赛选手名单交给负责人。

朗诵内容应健康、积极，所有朗诵内容不得出现不利于祖国、民族团结，影响大学生身心健康的内容，否则取消比赛资格。

题材为诗歌或散文，内容自选，决赛需脱稿朗诵。

初赛：自由命题，并进行创新性自我介绍，总时间在六分钟以内。

决赛：自由命题，并进行创新性自我介绍（要求作品形式自由创新，主题鲜明突出，内容积极向上；自我介绍部分，要求参赛人员用创新的手段进行自我介绍，要能给评委、观众留下深刻印象）。

5. 注意事项

评委：初赛由生物医学工程与医学影像学院和临床医学院的 5 名学生代表和 1 名老师组成，复赛由 3 名学生干部和 3 名指导老师组成，老师点评。

评分要严格按照评分标准进行。

初赛设置主持人一名，复赛两名。

各参赛选手提前半小时到场，抽取比赛出场次序。到指定区域就座，并注意现场纪律。

工作人员必须提前到场，维持赛场秩序。

6. 评分标准

（1）思想内容能紧紧围绕主题，观点正确、鲜明，见解独到，内容充实具体，生动感人。（分值：15 分）

（2）吐字清晰，声音洪亮，普通话标准，能够正确把握诗歌节奏和韵律，表演完整，时间控制在 5 分钟内，能脱稿朗诵。（分值：25 分）

（3）能恰如其分地表达诗歌内涵，声情并茂，朗诵富有韵味和表现力，能较好地与听众的感情融合在一起，与听众产生共鸣。（分值：30 分）

（4）精神饱满，姿态大方，表演能与朗诵融为一体，富有感染力。（分值：15 分）

（5）朗诵富有感情，使用的配乐、道具等辅助方式能与诗歌朗诵主体相协调，对作品理解深刻，处理得当，给人以美的享受。（分值：15 分）

（六）湖北科技学院第二届读书节系列活动之征文大赛

1. 活动背景

为了在校内营造一个积极的学习、生活氛围，创设一个文学发展的平台，激起同学们学习与写作的热情，展现湖北科技学院深厚的义化底蕴，提高大学生写作能力，在读书节来临之际，学校举办了全校征文活动。

2. 活动主题

文学园地培养人才，湖科学子书写华章。

3. 活动目的

（1）通过征文形式给全校同学提供创作平台，提高大学生的文学修养，锻炼大学生的写作能力，从而培养和提高学生的综合素质。

（2）增强凤凰文学社的影响力，进一步涵养校园人文底蕴。

（3）丰富社团文化，增添校园文化氛围。

（4）进一步加强对学生的思想引领，帮助学生认识到提高文学修养的重大意义，认识到读书与写作是不可分割的。

4. 活动时间

2013年3月25日—4月18日。

5. 活动内容

（1）前期进行海报宣传工作，并以班级为单位进行宣传。

（2）征集方式与格式要求：电子稿发到稿件负责人邮箱（2582802226@qq.com）。标题用小二号、加粗的宋体，正文用四号仿宋体，应详细写出班级、姓名、联系方式等信息，方便联系。征文活动截止到4月15日。

（3）评选出优秀文章作品，并在校报上刊发。

（4）在读书节开幕式上为获奖者颁发荣誉证书及奖金。

6.组织单位

主办单位：湖北科技学院图书馆、湖北科技学院团委。

承办单位：临床医学院团委学生会、凤凰文学社。

7.评选的办法

比赛本着公平、公正的原则，初步由学生干部代表评选出前25%的作品交评委老师评分，最终评选出一、二、三等奖以及优秀奖。

8.奖项设置

如果实际征稿作品的20%少于20篇，则根据作品的质量对奖项进行适当调整。

一等奖1名，并奖励荣誉证书和一本书。

二等奖2名，并奖励荣誉证书和一本书。

三等奖3名，并奖励荣誉证书和一本书。

优秀奖10名，并奖励荣誉证书。

（七）湖北科技学院第二届读书文化节活动总结

1.湖北科技学院第二届读书文化节开幕式总结

书籍是人类知识、思想和文明的结晶，是人们走向成功的阶梯。2013年4月26日上午九点，在学校图书馆，湖北科技学院举行了第二届读书文化节开幕式，开幕式内容有活动优秀作品展、鄂南文化研究中心展览馆参观、同学留言交流、领导致辞、馆长发布文明读书倡议、颁发奖品、文艺演出等。

活动问题与不足如下。

第一，细节决定成败，由于承办方与图书馆沟通不畅，活动环节的衔接出现了小问题,影响了整个活动的美感。

第二,没有重视活动彩排的重要性,以至于音响效果较差,文艺节目时间过长,节目之间的衔接不自然。

第三,因为工作人员会场秩序管理工作不到位,以致会场有些喧闹,也因会场位置的局限性,组织方对于人员的安排不是很合理,也没有针对突发状况做预案。

第四,礼仪小姐是临时培训的,对于迎宾接待、走场引导等方面的礼仪知识不太熟悉。

2. 大学生课外阅读调查统计结果

对大学生课外阅读的书籍类型的统计结果如下:9.4%的同学爱好工具书类读物,13.8%的同学爱好历史传记类,42.2%的同学爱好文学类,4.4%的同学爱好军事类,4.7%的同学爱好经济类,2.3%的同学爱好管理类,10.4%的同学爱好生活类,12.8%的同学爱好杂志报纸类。具体如图 4-11 所示。

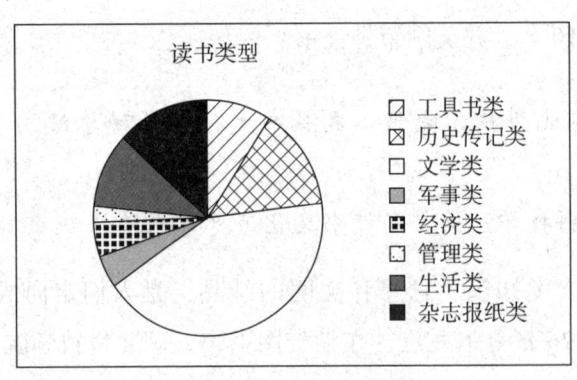

图 4-11 读书类型

对大学生课外阅读目的的统计结果如下:18.8%的同学是为了学习,6.6%的同学是为了研究,29.9%的同学是出于兴趣爱好,15.5%的同学是为了娱乐,2.3%的同学是因为家人或朋友推荐,8.4%的同学是想休息,

1.4% 的同学是被强迫，16.0% 的同学是为了提高修养，1.1% 的同学是其他原因。具体如图 4-12 所示。

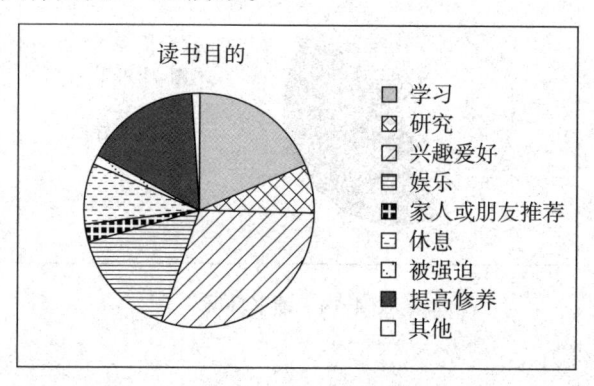

图 4-12　读书目的

对大学生课外阅读地点的统计结果如下：39.6% 的同学在宿舍，4.2% 的同学在工作场所，31.9% 的同学在图书馆，11.3% 的同学在休闲场所，2.0% 的同学在洗手间，6.8% 的同学在草地，3.2% 的同学在公园长椅，1.0% 的同学在其他地方读书。具体如图 4-13 所示。

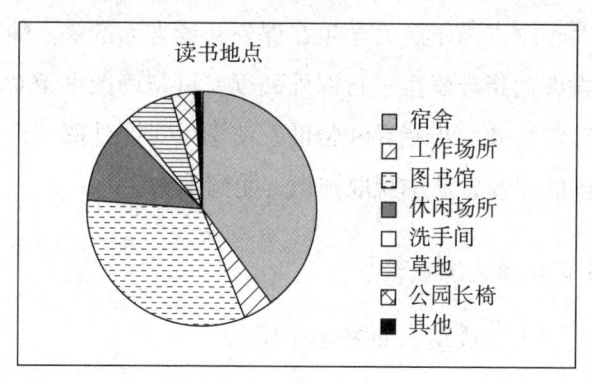

图 4-13　读书地点

关于湖北科技学院的读书环境，13.4% 的同学评价为很好，42.6% 的同学评价为还可以，32.2% 的同学评价为一般，9.7% 的同学评价为不大好，2.1% 的同学评价为不好。具体如图 4-14 所示。

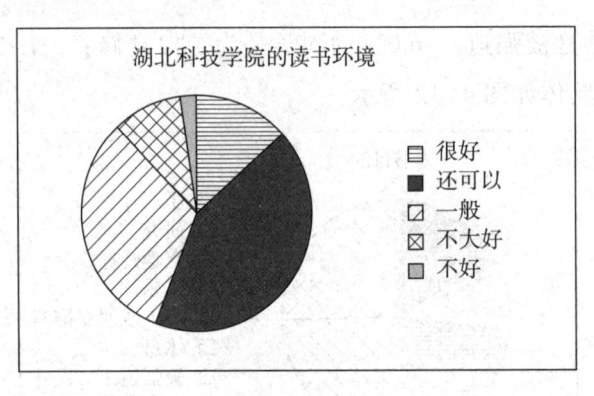

图 4-14　读书环境

活动心得。

在数学与统计学院与临床医学院的合作下，这次的"大学生课外阅读调查"活动大体圆满结束，最后数学与统计学院宣传部将统计结果整理成了图表，这些统计图还被嵌入了宣传海报。在这次的活动过程中，在场人员都十分积极认真，400份问卷在40分钟之内就分发并填写完毕，这也说明湖北科技学院在校大学生对此类实践活动很配合。这是一项倡议活动，有助于图书馆了解大学生在课外阅读方面的基本情况，其结果可被用来探索如何指导学生进行课外阅读，可帮助图书馆对学生提出合理建议，有针对性地给出指导和帮助，使学生对课外阅读产生兴趣，并养成课外阅读的习惯，从中获取知识，受到熏陶。

3. 读书节朗诵大赛成绩

读书节朗诵大赛成绩，如表 4-1 所示。

表 4-1　读书节朗诵大赛成绩

序号	姓名	评委1	评委2	评委3	评委4	评委5	评委6	得分	排名	作品
1	郑琳琳	86	89	86	82	84	77	84.0	16	追逐梦想
2	侯宇转	93	93	89	85	92	81	88.8	11	追逐梦想
3	吴朵	90	89	90	85	85	84	87.2	13	相信未来

续表

序号	姓名	评委1	评委2	评委3	评委4	评委5	评委6	得分	排名	作品
4	颜慧	86	85	88	85	87	84	85.8	14	挡不住的青春
5	杨奥	92	89	92	92	90	89	90.7	7	相信未来
6	王湘伟	88	90	89	88	86	90	88.5	12	相信未来
7	熊梦	90	91	96	89	90	86.5	90.4	8	擦亮青春
8	杨佩	87	89	86	86	82.5	81.5	85.3	15	与青春有关的日子
9	周小龙	95	92	93	95	88	90	91.2	5	青春*梦想*未来
10	彭莉	90	90	90	87	93	91	90.2	10	青春的誓言
11	兰林亮	92	92	90	94	89.5	84.5	90.3	9	相信未来
12	任杰	94	94	95	94	95	92	94.0	2	放飞梦想
13	廉笑笑	91.5	93.5	96	96	93	97	94.5	1	相信未来
14	黎亨迎	95	90	90	93	86	90.5	90.8	6	少年中国说
15	朱玉美	94	95	91	90	94.5	92.5	92.8	3	致我们终将逝去的青春
16	胡海丽 肖家荣	94	93	95	93	91	89	92.5	4	被窝是青春的坟墓

1）活动问题与不足

第一，前期宣传工作有些问题，导致到场人员比较少，气氛不是很活跃。

第二，评委邀请得比较仓促。同时赛场的布置因为负责人的关系耽误了很久，让参与布置人员一开始有些手忙脚乱。

第三，部分工作人员迟到，有些重要的工作没有能够及时进行，所以比赛一开始气氛不是很好。

第四，人员安排有待优化，在一些重要工作的安排上，没有考虑到人员的熟悉程度，以致忙乱，效果不是很理想。

2）心得

工作人员都认真负责，很早就来到会场布置，并在很短的时间内完成了任务。很多工作人员放下原本的事情，来到会场参与工作，特别是主持人，家里有事还坚持完成了工作。会场布置的负责人很细心，布置风格与活动主题密切相关。主持人很优秀，会前准备很充分，主持得生动有趣，充满文艺气息，让比赛不那么单调。决赛负责人赛前与评委老师沟通良好，担任评委和总结的老师很精彩地点评了每位选手。工作人员的PPT制作得很精美，让现场的老师同学能够听着选手的朗诵，看着屏幕的PPT，真切感受到文章的优美。

4. 征文大赛

1）获奖名单

（1）一等奖。

标题：书缘，书趣，书乐。作者：虞珺。

（2）二等奖。

①标题：拜访文明的旅程。作者：石婷婷。

②标题：非主流的诱惑。作者：汪定康。

（3）三等奖。

①标题：给一匹马，陪你走天涯。作者：徐梦黛。

②作者：回眸，那一缕柔情。作者：刘世杰。

③标题：书缘、书趣、书乐。作者：杨世俊。

（4）四等奖。

①标题：乐趣缘于书。作者：何飞飞。

②标题：浅谈感悟。作者：付秀红。

③标题：书缘、书趣、书乐。作者：袁晓波。

④标题：最是那一念执着。作者：柳畅。

2）活动问题与不足

第一，由于参赛方式是发送电子邮件，整个活动过程中组织方与参赛者交流很少。

第二，宣传力度不足，以致作品有限，并且作品质量有待提升。

第三，由于后期邀请老师评选环节被延迟，此活动在读书节开幕式活动结束后仍需进行。

3）心得

因为组织者是通过电脑来操作整个流程的，所以活动的开展比较方便快捷；同时由于网络的局限性，部分参与比赛的作品出现了抄袭的问题，但大部分参赛的作品都围绕着中心主题而作，内容积极健康，并且作品形式多样。总的来说，这次的征文大赛在凤凰文学社的指导下圆满成功。

5."一站到底"知识竞答活动总结

1）活动问题与不足

第一，制订规则时没有完全考虑到现场的状况，使初赛和决赛的比赛现场都有一点混乱。

第二，由于经费问题和设备不足，在初赛时的抢答环节中有参赛选手反映比赛不够公平。

第三，决赛之前，男女主持人缺乏沟通，两人的配合不够自然。

第四，初赛的筛选把关不够严格，使决赛选手水平不够高，决赛时许多选手刚上台就被淘汰，比赛缺乏刺激性和观赏性。

第五，初赛和决赛时间间隔太短，发放题库之后，选手没有足够的时间去准备。

第六，主持人没有足够时间去看比赛题目，比赛时题目读得不够流畅。

第七，决赛时间因为选在了有党课和选修课的日子，现场没有足够多的观众，决赛现场的气氛不够热烈。

2）心得

本次活动由行知学社、五官医学院、临床医学院共同承办，活动从策划到宣传到实施都非常热闹，参与活动的大体上是11级、12级的同学，也有少数是10级学生，可作为大学生在紧张的学习之余放松精神的调剂。而且此次活动也激发了学生们的读书兴趣，强化了湖北科技学院的学习氛围，有助于大学生养成阅读的好习惯，丰富课内外知识，关注时政要闻，深入了解社会，在深化认知的同时，多多实践。与此同时本次活动加深了学生之间的互相了解，增强了学生的凝聚力，改变了学生的精神面貌，并在此基础上起到了引导大学生反思大学生活究竟应该如何度过的作用。

6. 漂流书屋活动总结

"知识因传播而美丽，诚信因传递而笃实"，为了引领和推动读书活动的开展，鼓励全校师生以书为友，养成良好的读书习惯，营造读书氛围，促进校园文化发展，读者协会以读书节之名举办了"漂流书屋"活动。活动中读者协会聚集师生闲散的图书，让书籍得到了充分利用，实现了图书资源的共享，培养了学生知识共享、共同学习的意识，促进了学生之间的相互交流，同时积极倡导诚信读书，宣传助人为乐、无私奉献的美德，为构建和谐校园贡献了一份力量。

1）活动结果

收到学生捐书60余册，期刊20余册，工具书10余册。

2）不足

第一，12级新生太过害羞，缺乏经验，不知道怎么去做，总觉得劝同学捐书不好意思。

第二，活动宣传前期材料准备工作做得比较到位，可是实施过程中出现了拖延耽误的问题，这对学生干部的工作态度和责任心是一项考验。

第三，因为漂流书架管理不当，少量漂流之书流失。

第二节 品书香校园，阅千年文化

一、湖北科技学院图书馆第三届读书节系列活动

（一）湖北科技学院图书馆第三届读书节活动方案

湖北科技学院图书馆第三届读书节系列活动的活动方案，如表4-2所示。

表4-2 湖北科技学院第三届读书节系列活动方案

序号	湖北科技学院图书馆第三届读书节系列活动之一			
	活动内容	主讲人	时间安排	地点
1	怎样读书	夏再兴教授	4月23日晚上	图书馆学术报告厅
	维普.智立方深度解读	数据商	4月15日	图书馆四楼会议室
	超星发现系统	数据商	4月17日	图书馆四楼会议室
	数字资源时代的论文写作指导——以万方数据为例	数据商	4月22日	图书馆四楼会议室
	新东方四六级讲座（四六级应考技巧）	数据商	4月28日	图书馆学术报告厅
	搜商——数字资源的有效获取与利用	陈红勤博士	4月24日	图书馆四楼会议室
	文献传递免费周		4月21日—4月27日	温泉、咸安校区图书馆

续 表

2	湖北科技学院图书馆第三届读书节系列活动之二		
	2013年度读者之星评选	4月14日—4月20日	温泉、咸安校区图书馆
	阅读排行榜	4月14日—4月20日	温泉、咸安校区图书馆
	图书超期免罚活动	4月23日—4月25日	温泉、咸安校区图书馆
3	湖北科技学院图书馆第三届读书节系列活动之三		
	国产优秀影片及英文原版电影展播周	4月21日—4月27日	温泉、咸安校区图书馆
	"图书修身明志，读而立学"征文大赛	3月25日—4月20日	温泉、咸安校区图书馆
	书法、绘画展览活动	4月25日—4月27日	温泉校区图书馆
	图书索引大搜查活动（义务馆员上架、整架比赛）	4月21日—4月27日	温泉校区图书馆
4	湖北科技学院图书馆第三届读书节系列活动之四		
	好书推介	4月21日—4月27日	温泉校区图书馆
	捐赠图书活动	4月21日—4月27日	温泉校区图书馆
	读报活动（图书馆馆藏报纸目录）	4月21日—4月27日	温泉校区图书馆
5	湖北科技学院图书馆第三届读书节系列活动之五		
	"我的书籍，我做主"优惠购书活动	4月23日—4月28日	温泉、咸安校区图书馆
	图书馆资源服务书签发放	4月28日	温泉、咸安校区图书馆
	诗文朗诵大赛	4月15日—4月21日	温泉、咸安校区图书馆
6	湖北科技学院图书馆第三届读书节系列活动之六		
	读书节闭幕式暨总结表彰大会	4月29日下午	温泉校区图书馆
	读书节闭幕式暨总结表彰大会	5月初	咸安校区

（二）湖北科技学院第三届读书文化节之征文大赛

1. 活动背景

为迎接"世界读书日"，并创造一个文学发展的平台，激发学生读书与写作的热情，展现湖北科技学院深厚的文化底蕴，学校特在读书节来临之际，举行全校征文活动。

2. 活动主题

图书修身明志，读而立学。

3. 活动目的

（1）通过组织征文活动，为全校学生提供一个创作的机会，提升学生的文学素养和写作技巧，从而全方位地培养学生的综合素质和个人能力。

（2）提升凤凰文学社的影响力，进一步增强校园文学氛围，激发学生对文学的兴趣与热情。

（3）深化社团的文化内涵，丰富和深化校园文化的内涵，营造积极向上的文化氛围。

（4）加强对学生的思想引领，帮助他们深入理解文学修养的重要性，同时认识到读书与写作之间密不可分的关系，从而促进学生的全面发展。

4. 活动时间

2014年3月25日—4月20日。

5. 活动内容

（1）做好前期海报宣传，并以班级为单位进行宣传。

（2）征集方式：将电子稿发到邮箱（869689421@qq.com）里，征文截止到 4 月 15 日。

（3）评出优秀文章作品，并选出优秀作品在校报上刊发。

（4）在读书节开幕式上为获奖者颁发荣誉证书及奖金。

6. 组织单位

主办单位：湖北科技学院图书馆、湖北科技学院团委。

承办单位：临床医学院团委学生会、凤凰文学社。

7. 评选的办法

比赛将严格遵循公平、公正的原则进行。在初始阶段，由学生干部代表筛选出质量排名前 25% 的作品，然后提交给评委老师进行详细评分。最终，根据评委的综合评分结果，评选出一、二、三等奖及优秀奖，以确保评选的客观性和公正性。

8. 获奖情况

湖北科技学院第三届读书文化节之征文大赛的获奖情况，如表 4-3 所示。

表 4-3 湖北科技学院第三届读书文化节之征文大赛获奖情况

奖项	作者	单位	作品名称	体裁
一等奖	范年顺	临床本科	为中华伟大复兴而读书	散文
二等奖	杨锐	物理本科	三国恋	诗歌
	胡雯	临床本科	编者为什么读书	散文

续 表

奖项	作者	单位	作品名称	体裁
三等奖	蔡文龙	临床本科	净土上，悄然绽放的花朵	散文
	吴思婷	临床专升本	书香，那一缕阳光	散文
	姚良勇	临床本科七	书，我的挚爱	散文
优秀奖	刘元华	临床本科	图书修身明志，读而立学	散文
	陈秋美	影像本科	借读书以修身	散文
	李晓	地理本科	诗情，笛韵	散文
	杨佩	护理本科	书，心中的一泓清泉	散文
	徐琪	工商管理	絮梦	散文
	严世群	园林	书——人类灵魂伴侣	散文
	王进威	影像本科	在书中遇上千万个你	散文
	何飞飞	药学	你拿什么来证明自己	散文
	金慧	土地资源	读一本书，走一段路	散文
	刘爽	临床本科	与书相伴，踏上人生之路	散文

9. 活动总结

为丰富学生课余文化生活，提高学生自身文化素养，让学生养成多读书、读好书的良好习惯，并积极配合、参与"世界读书日"，校团委、临床医学院、校图书馆、凤凰文学社共同举办了读书征文"图书修身明智，读而立学"活动，并且活动在四月圆满结束。

本次活动主要由凤凰文学社负责，经过社团初选，图书馆老师复选，最终有16名同学脱颖而出。其中，一等奖1名，二等奖2名，三等奖3名，优秀奖10名。

此次活动中，学生踊跃投稿，征文稿件纷至沓来。

当然，此次活动也有以下不足：宣传力度不够，覆盖面太小；在收到的稿件中，有许多文章格式不对，甚至没有班级、姓名及联系方式信息，使组织者无法联系到作者，这对后续工作产生了很大影响；评稿人员不够；等等。

但总的来说，这次活动较为顺利并圆满结束，学生的关注和支持让活动精彩倍增，也使活动取得了良好的效果，丰富了学生的课余文化生活，给学生提供了一个展示自我的平台，同时，让学生深刻地认识到了图书可修身明志的道理。

今后应更好地结合实际情况，创造条件为广大学生开创更多的发展平台。

（三）湖北科技学院第三届读书文化节之书法展览

1. 活动主题

本次书法展览主要展览书法作品，同时在展会现场有专人为广大书法爱好者解答与书法篆刻相关的各种疑问，有助于在全校范围内推广书法篆刻等中华优秀传统文化。

2. 活动背景、目的与意义

为响应两会号召，继承并弘扬我国传统书法艺术，活跃湖北科技学院的艺术氛围，树立弘德博学敏行敢先的积极向上的学生形象，大家精心准备了丰富的古代经典书法作品的临作以及自行创作的书法作品。本次活动的开展是为让全校师生观赏书法作品，让人们参与书法活动，领略书法的魅力。

3.活动组织单位

主办单位：临床医学院。

承办单位：书法协会。

4.活动对象

书法协会成员以及爱好书法的各年级学生。

5.活动时间、地点

时间定于4月下旬，连续展览三天，地点定于学校图书馆二楼大厅。

6.活动流程

1）活动准备阶段

（1）书法协会成员准备好将要展出的书法作品，并将写好的优秀书法作品进行装裱，准备好展览时要用到的工具。

（2）拉横幅，并在网络论坛、微博、微信、QQ群等平台进行活动宣传。

（3）预约咸宁媒体、校报记者采访（注：负责人为周凯）。

2）活动举办阶段

（1）书法协会成员按事先安排好的格局展出书法作品，相关人员看守展会现场（负责人为周凯、王锦、胡三明）。

（2）邀请咸宁电视台《鄂南晚报》等咸宁媒体以及校报记者进行现场拍照和报道采访。

3）活动后续阶段

收拾展会现场，并对此次活动作出总结。

7. 活动安全

展览时由会长带领书法协会其他成员维护展会现场秩序，以保证活动进行过程中所有人员的人身安全。

8. 活动总结

书法是中华民族传统文化的瑰宝，是华夏文明的重要载体，是中国传统文化中最具代表性的符号。建设文化强国是我国的国家战略，弘扬中华优秀传统文化是建设文化强国的重要途径之一。练习书法有修身养性、提高审美等诸多功能，学习书法可以提高大学生的书写基本技能和书法欣赏能力，这也是当代大学生传承中华民族优秀传统文化，培养爱国情怀的重要途径。

本着这样的宗旨，书法协会成员和众多书法爱好者在孙世军老师的悉心指导下，经过近一年的精心准备，筹办了次汇报展览。本次作品汇报展共展出作品70余幅，有西周大篆，也有先秦小篆，有两汉隶书，也有魏晋行草，有盛唐楷书，也有佛教经文。书法爱好者用不同的书体展示了自己学习书法的热情与执着精神。本活动也反映了湖北科技学院校园文化建设在学校领导的关心与支持下正在向纵深发展，并得到了大学生的积极响应这一可喜变化。特别值得一提的是，本次展览得到了校图书馆领导与校团委领导的大力支持，对此书法协会表示衷心的感谢！

（四）湖北科技学院第三届读书文化节之朗诵大赛

1. 比赛主题

青春逐梦，声动未来。

2. 比赛目的

（1）展现湖科学子的青春风貌，激发年轻学子的创造力与激情，激发他们对理想与未来的追求，进一步增强学生的学习动力与热情。

（2）传承校园文化精髓，推动经典诗文教育，营造积极向上的学习氛围，让学生在艺术的熏陶中提升审美品位，丰富课余文化生活，培养高尚的道德情操。

（3）促进朗诵艺术的推广与发展，提升学生的普通话水平，加强学生的表达能力，活跃校园文化氛围，推动文化艺术的普及，提升学生的综合素质，增进同学间的友谊与交流。

（4）宣传校园广播站，提升其影响力，增强广播站成员的协作能力与凝聚力，促进校园文化建设的可持续发展。

3. 比赛方案

（1）参赛方式：以个人形式或二到六人的组合形式。
（2）报名时间：2014年4月7日—4月21日。
（3）比赛时间：初赛4月14日，决赛4月18日。
（4）比赛地点：初赛和决赛均在教学楼第3栋202室。

4. 比赛要求

（1）各班学委和文体委员应负责班级选拔，并在比赛前三天将参赛选手名单提交给活动负责人。

（2）朗诵内容必须健康积极，严禁包含不利于祖国、民族团结或影响身心健康的内容，违者将取消比赛资格。朗诵题材可选诗歌或散文，决赛要求脱稿朗诵。

初赛：参赛者可自由选择题材，并进行创新性自我介绍，总时长不超过六分钟。

决赛：参赛者可自由选择题材，并进行创新性自我介绍（需要创新作品形式，主题突出且积极；自我介绍部分应使用新颖的方式，给评委和观众留下深刻印象）。

5. 注意事项

评委：初赛由生物医学工程学院和临床医学院的5名学生代表及1名老师担任，复赛由3名学生干部和3名指导老师担任评委，老师进行点评。评分严格按照标准执行。

初赛设置1名主持人，复赛设置2名主持人。

各参赛选手需提前半小时到场，抽取比赛出场顺序，按指定区域就座，遵守现场纪律。

工作人员须提前到场，负责维持赛场秩序，确保比赛顺利进行。

6. 评分标准

（1）内容应紧扣主题，观点明确，见解独到，信息充实生动，感人至深。（分值：15分）

（2）吐字清晰，声音洪亮，普通话标准，准确把握诗歌节奏与韵律，表演完整且时间控制在5分钟内，脱稿朗诵。（分值：25分）

（3）准确表达诗歌内涵，声情并茂，朗诵富有韵味与表现力，能与听众产生情感共鸣。（分值：30分）

（4）精神饱满，姿态自然大方，表演与朗诵融为一体，具有较强感染力。（分值：15分）

（5）朗诵富有情感，配乐和道具与诗歌协调一致，对作品理解深入且处理得当，带给观众美的享受。（分值：15分）

7. 活动流程

1）活动前期

（1）活动宣传。

①绘制两幅海报张贴于东西区宣传栏。

②在校广播台进行宣传。

③通过学校社联及团委向各院、各班进行宣传。

（2）4月8日截止报名，当天统计出报名人数。

2）活动中期

（1）初赛流程。

①统计参赛者，做好初赛打分表。

②做好分数统计、计时、照相、活动记录等工作。

③布置会场，并划分选手区域。

④由主持人宣布比赛规则及评分标准。

⑤选手上台进行自备诗文朗诵（不超过10分钟）。

⑥初赛选出10位选手进入复赛（可根据报名人数确定复赛名额）。

⑦晋级选手名单将以海报形式张贴并通知各位选手。

（2）决赛流程。

①组织决赛评委，评委由指导老师及干部担任。

②布置会场。

③由主持人介绍评委并宣布比赛规则及评分标准。

④选手上台。

a. 进行自我介绍（不超过2分钟）。

b. 选手开始朗诵（可自带配乐，不超过8分钟）。

⑤评委代表上台发言、点评。

⑥主持人宣布获奖名单，名单还会以海报形式公布，并在读书节开幕式上由领导颁发获奖证书及奖品。

3）活动后期

清理会场，做活动总结。

朗诵大赛获奖情况，如表 4-4 所示。

表 4-4　湖北科技学院第三届读书文化节之朗诵大赛成绩表

选手号码	姓名	院系	评委一	评委二	评委三	评委四	评委五	评委六	评委七	最高分	最低分	平均分	名次
⑬	周汝彤	医工学院	91	89	95	95	90	84	89	95	84	90.8	一等奖
③	于凡	药学院	85	84	71	87	98	90	95	98	71	88.2	二等奖
①	邓昱立	经管院	79	89	80	89	89	89	90	90	79	87.2	二等奖
⑥	张越	教育学院	91	89	91	89	75	85	82	91	75	87.2	三等奖
⑦	刘璇玥	电信院	86	92	78	88	93	91	78	93	78	87	三等奖
⑨	罗红超	计科院	87	88	89	87	90	81	80	90	80	86.4	人气奖
⑪	郭谦谦	资环院	84	86	80	89	91	82	92	80	86.4	三等奖
⑫	张园园	医工学院	86	82	83	77	85	91	85	91	77	84.2	最佳团体奖
⑭	李文倩	临床学院	87	91	91	79	70	83	80	91	70	84	优秀奖
⑩	郭桢	音乐学院	81	88	82	79	83	87	85	88	79	83.6	优秀奖
⑧	王湘伟	资环院	80	90	90	81	80	83	78	90	78	82.8	优秀奖
④	马晓琦	外国学院	83	84	91	77	65	83	86	91	65	82.6	优秀奖
②	彭莉	基础学院	73	77	80	86	83	85	91	91	73	82.2	优秀奖
⑤	郑利锋	核化生院	84	86	84	76	77	80	80	86	76	81	优秀奖

（五）湖北科技学院第三届校园读书文化节专题讲座

为了鼓励广大学子积极读书，营造读书氛围，由学校图书馆及校团委主办的第三届校园读书文化节专题讲座，于 2014 年 4 月 23 日在温泉校区图书馆学术报告厅举办，整个会场弥漫着浓厚的书卷气息（图 4-15）。党委书记、华中科技大学博士生导师夏再兴教授以《怎样读书》为题，向学生们分享了他的读书心得。图书馆副馆长陈红勤主持本次讲座。

第四章 高校图书馆全民阅读推广的实践——以湖北科技学院图书馆为例

图 4-15 校党委书记夏再兴教授讲座现场

夏教授整场以"为什么读书""怎么读书""读书有何技巧"三个话题为中心展开论述。在说明"为什么读书"这一问题时，他引用名言"书籍是人类知识的载体，是人类智慧的结晶，是人类进步的阶梯"来说明书的价值。随后他提到要想实现强国梦必须学生好读书，纵观世界强国，凡是生命力顽强的民族，大多数都是崇尚读书的民族。最后，他总结道，谁掌握现代知识的制高点，谁就赢得了世界和未来的主动权，因此要乐于读书。

究竟要怎么读书，夏教授认为先要学习"凿壁借光"的精神，要爱读书；接着要讲究读书的方法，要以课本为主，读活读透课本，不同的课本要有不同的读法，如历史课本要先通读，理工课本要读懂概念、定理、公式，而无论什么课本都要特别注意对知识点的领悟，要读透每堂课的内容，课后要用心做作业；然后还要会读书（读书十法：知读、渐读、宽读、常读、复读、思读、疑读、静读、精读、践读）。最后，夏教授讲解了读书的技巧，并告诉大家，巧读书可以达到事半功倍的效果。

真正会读书的人，不仅仅是读书，更是"用书"。夏教授引经据典，讲述了伟大的领袖毛泽东的读书故事，并说他便是真正懂得读书技巧的人，他将理论知识运用到实践中去，带领中国人民实现了国家独立，走向了繁荣。通过历代伟人的实际经验，学生明白了要有"望尽天涯路"那样志存高远的追求，有耐得住"昨夜西风凋碧树"的坚定，有"独上高楼"的执着，静下心来，苦读精读。而且，要勤奋努力，刻苦钻研，全心付出，百折不挠，下真功夫、苦功夫、细功夫，"立志宜思真品格，读书须尽苦功夫"。阅读需要付出努力和坚持，即使是"衣带渐宽"也终不悔，"憔悴"也心甘情愿。要坚持独立思考，学用结合，学有所悟，用有所得，"众里寻他千百度"，最终"蓦然回首"，在"灯火阑珊处"领悟真理。

在阵阵雷鸣般的掌声中，此次讲座圆满结束，在座观众表示，收获的是能受益一生的学习经验。

（六）湖北科技学院第三届读书文化节闭幕式

2014年4月29日下午，学校第三届读书文化节闭幕式在图书馆举行，时任党委书记的夏再兴、时任党委副书记的彭育园、副校长白育庭出席闭幕式。相关职能部门和各教学院部负责人参加闭幕式。此届读书节通过诗文朗诵大赛、征文比赛等多种形式的活动，营造了浓郁的学习氛围，激发了学生读书创作的热情，给校园带来了全民阅读的读书新风。

二、湖北科技学院第四届校园读书文化节系列活动

（一）湖北科技学院第四届"校园读书文化节"系列活动安排

1."一战到底"百科知识竞赛

时间安排：4月8日预赛，4月15日决赛。

奖项设置：一、二、三等奖各1组，纪念奖若干。

冠军：基础医学院14级，李庭、凌宇。

亚军：生物医学工程学院 13 级，张仕成、孟伟。

季军：临床院影像学专业 14 级，赖仔梅、黄悦。

2."诵千古诗魂，品文化青春"诗文朗诵比赛

时间安排：4 月 9 日预赛，4 月 24 日决赛。

奖项设置：一等奖 1 名，二等奖 2 名，三等奖 3 名。

3. 检索技能大赛

时间安排：2015 年 4 月 13 日—4 月 30 日

奖项设置：一等奖 2 名，二等奖 5 名，纪念奖 20 名。

4."记录一段旅程，留下一段文字"读书征文比赛

时间安排：2015 年 4 月 13 日—5 月 1 日

奖项设置：一等奖 1 名，二等奖 2 名，三等奖 3 名

5. 免费文献传递周

时间安排：2015 年 4 月 20 日—4 月 26 日。

6."读者之星"评选活动

截止时间：2015 年 4 月 20 日。

7. 数据培训讲座

主讲人：国道外文特色库的侯经理。

时间：4 月 17 日。

8. 主题报告

主讲人：校党委书记彭育园。

时间：5月8日。

9. 新东方多媒体学习库线上活动"许愿吧，兄弟！"有奖听课活动

时间安排：2015年3月16日—4月17日。

10. "书海拾贝" iGroup专业外文书单分享大赛

时间安排：2015年4月3日—5月15日。

11. 全球案例发现系统数据库开展的"我最喜爱的案例"评选活动

时间安排：2015年4月2日—6月30日。

12.EBSCO高校学术资源使用情况问卷调查

截止时间：2015年5月31日。

（二）湖北科技学院第四届校园读书文化节"一站到底"知识竞赛

4月13日，第四届校园读书文化节"一站到底"知识竞赛决赛在教学楼第3栋402室圆满结束。经过激烈角逐，来自基础医学院的李庭、凌宇，来自生物医学工程学院张仕成、孟伟和来自临床医学院赖仔梅、黄悦分别获得冠亚季军。

本次活动由校图书馆、校团委主办，校社联·行知学社和临床医学院承办。活动吸引了全校18多个院系的50多支队伍参与，经过海选、初赛，来自人文与传媒学院、基础医学院、资源环境科学与工程学院等各学院的12支队伍进入了决赛。

决赛采取两两PK的方式，随机出题循环作答，答错一题就会被淘汰，因此比赛异常激烈。经过两轮角逐基础医学院率先夺冠，生物医学

院工程学和临床医学院因积分相同，又一轮经过紧张加赛才决出胜负。

在计分阶段，现场还特别设置了观众抢答环节，数百名学子争先恐后抢答问题，现场气氛异常热烈。赛后，图书馆副馆长陈红勤、副馆长孙智和临床医学院艾伟老师分别为选手颁发奖状。

此次活动是湖北科技学院第四届"校园读书文化节"系列活动中的一个。文化节从3月底开始到5月初结束，期间"诵千古诗魂，品文化青春"诗文朗诵比赛、检索技能大赛、读书征文比赛等相关活动也在火热进行。

（三）湖北科技学院第四届读书文化节诗歌朗诵

1. 活动背景

中国的诗歌文化博大精深，是语言和思想的结晶，是精神补给的良药，然而随着时代的发展，最应该学习并传承这种文化的学生却逐渐被当今时代的快餐文化占据了注意力，以致文化内涵和思想层次上有所欠缺。当代大学生必须承担传承诗歌文化的责任和义务。为让学生重新拥有丰富的精神生活，让诗歌重新站上时代的舞台，生物医学工程学院承办了此次活动。

2. 活动目的

此次活动，旨在给热爱诗歌热爱朗诵的学生一个上台的机会来展示自己的特长，提升各方面能力，同时提高学生对阅读诗歌的兴趣以及深化学生对朗诵技巧的了解，丰富学生的校园文化生活，让学生深入感悟，从诗文中收获积极向上、健康乐观的人生态度，将诗朗诵与日常生活相结合，提升自身文化修养，锻炼临场表演水平。通过本次活动将诗歌的魅力传播到整个校园，增加学校文学气息，培养更多全面的人才，也是举办此次活动的目的之一。

3. 大赛主题

诵千古诗魂，品文化青春。

副主题：青春，梦想，思亲，情感，经典。

4. 组织单位

主办单位：湖北科技学院图书馆。

承办单位：生物医学工程学院、临床医学院。

5. 活动对象

湖北科技学院全体学生（温泉、咸安校区）

6. 活动时间

初赛：2015 年 4 月 12 日。

复赛：2015 年 4 月 16 日、4 月 17 日。

决赛选手培训：2015 年 4 月 20 日。

决赛：2015 年 4 月 23 日。

7. 活动地点

初赛：湖北科技学院中心校区教学楼第 6 栋 302 室与第 6 栋 202 室。

复赛：湖北科技学院中心校区 3 栋 202 室。

决赛：图书馆学术报告厅。

8. 可行性分析

1）学校方面

本次朗诵比赛是由湖北科技学院生物医学工程学院承办的一个大型校级活动，这个活动极大地活跃了校园的文化氛围，增进了各个学院之间的友谊，促进了院与院之间的交流。

2）学院方面

提升了生物医学工程学院在学校的知名度，提升了生物医学工程学院的组织能力。

3）学生方面

由于比赛是面向学校全体学生的，因此参赛的大学生有更大的发挥空间，可以尽情地展示风采。比赛提升了大学生的自信心，提高了他们的人格修养，激发了大学生的学习意识，增进了大学生对古今中外经典诗词的了解，为大学生树立了良好的思想品德方面的榜样。

4）企业方面

本次的活动，不仅是对学生自身修养的提高，还为赞助商带来了可观的收益，优秀的选手可以通过展示自己的才华得到社会的认可，并且在一定程度上宣传了赞助商。企业与学校共同努力，发现优秀的人才，不仅为学生提供了更多的机会和更大的平台，还为企业提高了社会知名度。

9. 活动流程

1）活动前期

（1）前期宣传。

①3月26日前由宣传部制作宣传海报，并于同月26日、27日在温泉校区东区宣传栏张贴海报进行宣传，同月28日、29日将海报置于咸安校区（东区海报使用完毕后，搬至咸安校区）。

②在宣传点设置报名处（4月10日报名截止）。

③宣传期间在东、西区宣传板，教学楼，咸安校区桥洞等人流量较大的地方拉横幅进行宣传（需要各院配合宣传）。

④由学生会成员在QQ群、微博上宣传此次活动。

（2）比赛规则的制订以及评委的选定由学生会成员开会讨论决定。

（3）报名。

①在宣传点直接上交报名表。

②直接把报名表交给办公室成员。

③报名截止时间：4月10日下午5点。

（4）选手须知。

①比赛时间地点由办公室成员进行短信通知。

②比赛时有准备服装、PPT、背景音乐者酌情加分。

③选手参加比赛时可以自选组合，可单人，可团体。

（5）主持人及串词的准备，由黄奕超、饶春兴负责。

（6）任务分配：3月24日学生会成员开会布置活动任务。

2）活动中后期

（1）初赛定于4月12日。

工作人员和布置人员提前30分钟到场进行会场的布置及赛前准备，通知选手提前十五分钟到场进行抽签排序，按抽签分教室（单双号）。

到比赛时间，主持人宣布开始，并宣布比赛规则。

参赛人员按顺序上场朗诵。

比赛中，选手先做简单的自我介绍以及作品相关信息介绍，然后进行朗诵，由八位评委进行举牌表决，绿牌为通过，红牌为否决，由工作人员收集每位选手的得票率。

朗诵结束评委举牌决定成绩并由工作人员记录。

初赛结束后由总负责人员统计结果，由临床医学院和生物医学工程院共同拟定复赛名单（复赛选手共30人，随机分为两组）。

4月11日前由工作人员对进入复赛的选手进行短信通知，在短信中应告知参赛选手在比赛中须使用PPT、背景音乐等手段辅助朗诵，并询问其复赛题目。选手应于4月12日前给予回复，未回复者视为弃权。

（2）复赛时间：4月16日、17日）（待定）。

①比赛开始前工作人员提前30分钟到场，做好礼仪工作，佩戴工

作证布置会场并进行工作安排。

②提前到比赛教室调试音响灯光。

③比赛前确认选手的背景音乐或PPT能否正常播放。

④选手提前15分钟到场进行抽签，决定上场顺序。

⑤选手准备，主持人上场对规则和评分细则进行讲解并进行报幕。

⑥选手逐一上场进行朗诵。

⑦每位选手表演完后根据各项评分细则由评委点评打分。

⑧名次由生物医学工程院与临床医学院在赛后进行统计，并决出前12名进入决赛，由办公室成员进行短信通知，通知内容包括决赛前培训的时间和地点、决赛的时间和地点，收集选手朗诵题目，并告知其必须使用PPT、背景音乐等辅助朗诵。

（3）决赛时间：4月23日。

①由专业老师对进入决赛的选手进行礼仪、朗诵技巧的培训，时间为4月20日，地点为教学楼第3栋202室）。

②选手于4月21日前将PPT、背景音乐等交予文艺部。

③4月21和22日晚，由生物医学工程学院全体团委学生会成员组织到各教室进行黑板宣传。

④工作人员提前到场对灯光、音响再次进行调试，并进行会场布置，做好礼仪工作，佩戴工作证。

⑤选手提前到场对各自的背景音乐、PPT能否正常使用进行确认。

⑥入场仪式开始，图书馆馆长、语工部部长、广播台台长、临床医学院学工办老师、生物医学工程学院学工办老师、人气嘉宾等决赛评委依次入场。

⑦周汝彤表演古筝朗诵《红高粱》，开场表演结束后主持人对决赛流程进行讲解并介绍比赛规则，随后比赛开始。

（注：12位选手通过抽签决定上场顺序，每位选手进行朗诵后，评委依据评分细则进行打分，去掉一个最高分去掉一个最低分，取平均得

分、若出现相同分数,取最低分高者为胜,前一位选手得分在后一位选手朗诵完后进行宣布。每四位朗诵者朗诵结束后,会有一个互动环节,主持人出半句诗词,观众可抢答另外半句,答对者会得到小奖品。12位选手朗诵结束后,进行抽奖活动,主持人在抽奖箱中抽取号码,由相应座位的观众对本活动进行评价,观众说说自己的感想,即可得到活动奖品。)

⑧选手依次上台进行朗诵。

⑨每位选手比赛结束后由评委点评打分。

⑩由学校领导老师,嘉宾及负责人对本次活动进行总结,吸取经验和教训,找出亮点和成功之处,发现不足

⑪根据评分决出特等奖、一等奖、二等奖、三等奖名单,由评委老师进行颁奖。

10. 活动参与嘉宾

院系领导、资深老师及人气嘉宾。

11. 奖项设定

由现场嘉宾为获奖人员颁奖。

(四)湖北科技学院第四届读书文化节系列活动之专题讲座

2015年5月28日晚,学校第四届读书节系列活动之专题讲座在温泉校区图书馆学术报告厅举办。时任校党委书记、硕士生导师的彭育园教授担任本次活动讲师。咸宁市文体新局副局长胡冰,校图书馆、团委等相关部门负责人和师生代表聆听讲座。

彭书记从名人读书谈到大学生读书,深入浅出地阐述了读书的意义。他围绕"读书与成才"这一主题,结合流行与经典的书籍,就如何选书、如何读书等问题为师生们进行了全面深入的分析。

关于如何读书，彭书记说"从薄到厚，从厚到薄"是读书方法的精髓。在当今"信息爆炸"时代，科学的读书方法极其重要，并已被人们视为成才的向导。他重点阐述了如何利用"三余"时间读书、读书须"四到"、"三通"读书法、多质疑、注重思考、勤作笔记、不要怕重复、泛览有余、少而精好等九种读书方法，并指出有好的读书方法才能提高读书效率。读书是一个学习、思考、总结、提升的过程，读书时"忌丢"，要积沙成塔；"忌懒"，要勤动笔；"忌冷"，要循序渐进；"忌满"，要永无止境。彭书记建议，每位大学生都应该制订一个属于自己的读书计划，让自己有清晰的阅读目标。

彭书记分享了读书三境界的观点：第一重境界为"昨夜西风凋碧树，独上高楼，望尽天涯路"；第二重为"衣带渐宽终不悔，为伊消得人憔悴"；第三重为"众里寻他千百度，蓦然回首，那人却在灯火阑珊处"。要想体会柳暗花明又一村的感觉，必经历一番痛楚，而作为读书人要做的是"博"（做到厚积薄发）、"思"（善学善思）、"悟"（返璞归真）。

讲座最后，现场师生与彭书记积极互动，气氛十分活跃。彭书记耐心解答师生提出的问题，同时表达了对师生的期望：通过读书促进自己成人、成才、成功，让读书成为一种生活方式。

（五）湖北科技学院第四届校园读书文化节闭幕式

2015年5月29日，历时近两个月的校园读书文化节在温泉校区图书馆落下帷幕（图4-16）。副校长白育庭教授、咸宁市文体新局副局长胡冰、学生工作处处长杨时林、临床医学院院长高卉、生物医学工程学院书记高远、宣传部副部长刘侣萍、校团委书记魏学胜、图书馆副馆长陈红勤、孙智和相关院系领导参加了此次校园读书文化节闭幕式暨颁奖典礼。

本届读书节由图书馆和校团委联合主办，临床医学院、生物医学工程学院、行知学院承办，历时近两个月。活动期间围绕"书香润泽生命、读书成就未来"的主题举办了"22314"一系列活动。具体如下：两场主题报告（党委书记彭育园教授所做的"读书与成才"主题报告，图书馆研究馆员朱宁所做的"网络学术信息获取与用户行为"专题讲座）；两场数据库培训（国道外文数据库和新东方多媒体学习库的培训）；三个活动周（图书馆对中小学开放活动周、免费文献传递周、超期免罚活动周）；一个评选活动（湖北科技学院"读者之星"评选活动）；四场主题竞赛活动（诗歌朗诵比赛、征文比赛、知识竞赛、检索技能大赛）。活动内容丰富多彩、形式多样，充分调动了学生们的参与热情，展现了读书节的文化魅力。

副校长白育庭致闭幕词。读书节是湖北科技学院校园文化建设中的一件大事，是学校践行李克强提出的"倡导全民阅读，建设书香社会"国家战略的重要举措。读书节的相关活动激发了大学生的读书欲望，营造了浓厚的校园读书氛围，并且更重要的是，读书节将读书活动和课堂教学结合了起来，达到了提高综合素质的目的。

关于读书，白校长向学子们深情寄语：读书应该成为一种习惯，一种生活方式，读书节虽然闭幕了，但它不应该仅仅画上一个圆满的句号，更应成为一个新的起点，要将读书作为一种终身学习的方式，在读书中感受文字之美、读书之乐。

闭幕式由图书馆副馆长孙智主持，陈红勤副馆长进行活动总结，学工处、校团委、临床医学院等相关部门的领导先后为"读者之星""一站到底百科知识竞赛""诗文朗诵比赛""读书征文比赛"的获奖个人和组织颁发了奖项。

在精彩纷呈的诗文朗诵、舞蹈、相声等文艺表演中，第四届湖北科技学院校园读书文化节完美落幕。

图 4-16　第四届读书节闭幕式现场

第三节　品读文化经典，共建书香校园

一、湖北科技学院第五届校园读书节活动

（一）湖北科技学院第五届校园读书节活动整体方案

为引导广大师生多读书、读好书、好读书，践行人文精神，积极弘扬优良的校风、学风，并建设文明、和谐校园，打造书香校园，图书馆联合校团委于 2016 年 4 月至 6 月举办了第五届校园读书节系列活动。

1. 活动主题

品读文化经典，共建书香校园。

2. 活动时间

2016年4月—6月。

3. 主办单位

湖北科技学院图书馆、共青团湖北科技学院委员会。

4. 系列活动安排

(1)"揽月墨韵"咸宁书画名家作品收藏仪式暨主题笔会活动。

(2)"品读经典,传承书香"中华传统文化知识竞赛。

(3)"品读经典,共沐书香"诗文朗诵比赛。

(4)"品读经典,回味书香"读书征文比赛。

(5)"争做文明读者 共建书香家园"读者签名活动。

(6)2015年度阅读之星评选及读者座谈会。

(7)系列讲座。

(8)图书推荐。

(9)读书节总结表彰大会。

(二)湖北科技学院第五届读书节之作家大赛

1. 活动背景

阳春三月,风和日暖,是一年最好之季,正如大学生朝气蓬勃的精神面貌和青春自由的心灵。在这个放飞梦想与希望的季节,万物生发,许多同学也等待着展现自我、表现自我的机会,所以学校经过筹备,决定为学生提供这样一个平台。

2. 活动主题

青春校园，妙笔生花。

3. 活动目的

挖掘大学生的文艺潜质，给大学生提供展现文学创作热情的机会，让大学生通过别人的评价更深刻地意识到自己的优劣，见贤思齐，见不贤而省，最终达到提高自己的目的。湖北科技学院凤凰文学社特举办校园作家大赛，以更好地展现出湖北科技学院学生良好的精神风貌与文化素质。

4. 活动组织机构

湖北科技学院凤凰文学社。

5. 参赛对象

湖北科技学院全体学生。

6. 活动流程

活动将在中心校区、咸安校区开展，两校区比赛时间、内容相同。

1）初赛流程

时间：4月10日（9：30—11：00）。

地点：教学楼第7栋104室。

进行命题与半命题写作（参赛者在指定时间到指定地点进行第一轮比赛）。

2）复赛流程

时间：4月17日（9：30—11：00）。

地点：教学楼第7栋104室（两校区在同一地点进行复赛）。

选手观看主办方准备的视频或图片后进行写作（参赛者在指定时间到指定地点进行第二轮比赛）。

3）决赛流程（重点）

时间：4月24日（9：30—11：00）。

地点：教学楼第5栋201室（两校区在同一地点进行决赛）。

决赛分为诗歌、散文、小说三种文体，选手任选一种进行写作。

每种文体都会提供一段文字。选手对其进行续写或改编（参赛者在指定时间到指定地点进行第三轮比赛）。

7. 活动具体安排

1）前期工作（4月4日—4月9日）

完成活动宣传的落实、参赛选手的报名与确定、评委的确定等工作。

（1）海报宣传：由宣传部在4月6日前完成海报绘制（在学校公告栏张贴海报）。

（2）4月7日由办公室以及组织部成员进行东西区的传单发放宣传工作。4月8日由编辑部及外联部成员于各教室黑板写宣传语。

（3）将活动详细方案发至各院团委，各院团委协助此次活动宣传，鼓励同学积极踊跃报名。

（4）文学社成员于4月15日前收集齐各院系的复赛选手报名表。

2）中期工作（4月15日—4月17日）

主要完成复赛选拔、筹备比赛所需相关资源的工作。

准备复赛与决赛所需的物资（比赛场地、评委打分用具、工作人员与嘉宾饮水等）。

3）后期工作（4月24日—4月27日）

完成大赛前的所有准备工作，确保决赛顺利进行。

布置决赛场地，合理安排场地的座位，并进行检查，确保比赛的顺利进行。

8. 奖项设置

一等奖，奖励《徐志摩全集》一套、精美书签、证书。
二等奖，奖励《纳兰性德词选》一本、精美书签、证书。
三等奖，奖励中性笔、精美书签、证书。

9. 可行性分析

1）学院方面

凤凰文学社承办此次作家比赛，让热爱文学的同学有了展现自我的机会。这次活动增强了校园的文化气息，提高了学院的知名度，同时凤凰文学社体现了自身的文化涵养和组织能力。

2）学生方面

丰富了学生的课余生活，使大学生能更好地认识到自己的优劣，能更有针对性地提高自己，发挥自己的才华。同时使自己的能力和才华得到认同。

3）企业方面

本次活动不仅使大学生得到了锻炼，还为赞助商带来了利益，如一定程度上宣传了品牌，并提高了企业的社会知名度。

4）活动注意事项

选手应注意命题与格式要求，深扣主题，展现自己的文笔与思想。

（三）"传颂诗文经典，拥抱汉语魅力"诗文朗诵比赛活动方案

1. 活动背景

开展本活动是为进一步活跃校园文化气氛，丰富学生课余文化生活，给学生一个展示自己的舞台，锻炼自己，认识自己，发现自己的长处与不足，增长知识，提高学生在诗文以及其他方面的知识应用水平，促进学生德智体美劳全面发展。还要加强校风和学风建设，让学生在书声琅琅之中，有更高的学习效率，并陶冶其道德情操，让古今中外文学大家的大儒之风进入校园。锻炼学生的口才，增进同学之间的友谊，激发学生的学习意识，加深学生对古今经典诗词歌赋的了解，传递中国诗词歌赋中所蕴含的美。让学生形成良好的行为习惯，培养其主人翁意识，培养学生修身齐家治国平天下的名士气度，落实科学可持续发展观，从而助力于中华民族伟大复兴的中国梦的实现。

2. 活动目的

举办这次诗歌朗诵比赛，是为了更好地传承和弘扬中华民族浩瀚璀璨的文学经典，营造充满文化气息又不失青春活力的校园氛围，推动校园文化建设，丰富大学生的业余生活，给当代大学生一个舞台，来展现文学修养，让大学生用声音再现美丽的古典诗词。同时加强校园和媒体之间的联系，让双方形成长期合作、定期交流、互相学习的机制。

3. 活动主题

传颂诗文经典，拥抱汉语魅力。

4. 活动时间

2016年4月6日—4月23日。

5. 活动地点

学术报告厅。

6. 活动对象

湖北科技学院全体在校学生。

7.活动形式

比赛。

8.活动主办单位

湖北科技学院图书馆、团委、学工处。

9.活动承办单位

生物医学工程学院团委学生会。

10.活动开展过程

1）活动前期

前期宣传时间：2016年的4月6日、4月7日两天。

（1）在东西区宣传栏附近设置报名点，宣传时负责干事喊宣传口号，分发传单，并简单介绍活动相关内容，告知同学们可通过QQ了解详情。

（2）传单：1 200张，每天发放600张。

（3）负责人员在4月6日、4月7日将活动宣传语分发到各班班群、团委文艺部群。

（4）进行人员安排。

（5）前期宣传所需物品：横幅、宣传单、宣传海报、帐篷、桌椅。

2）活动中期

（1）初赛。

赛前准备：负责联系的人员于4月6日联系各院部的文艺部部长，告知他们，初赛在其院内部举行，时间自定，每个院最少要推选一个或一组选手。

赛后安排：各院文艺部将进入复赛的选手的名单和联系方式于4月

11日交给本院负责人。

（2）复赛。

①赛前准备。

第一，负责人于4月12日中午联系评委团，向每一个评委确定是否有时间来到复赛现场。

（注：评委暂定为封开升，雷亚龙、郑泽、贾蕊朵、熊锋权、刘大海、朱成强、文九阳、吴萌、姜声明。若其中有人不能到场，则联系丁慧、王欣悦。）

第二，负责部门于4月12日中午以手机短信的方式通知复赛选手比赛的时间及地点（告知选手最好提前15分钟左右到场），并告知选手如有音乐伴奏要自行在手机或者U盘上准备好。

第三，4月12日将参加复赛的选手分为两拨人（人少的话）或四拨人（人多的话）。将若干份选手参赛签到表打印出来。

第四，4月15日中午以电话或者短信的方式联系十位评委，告知他们复赛的时间及地点，并通知他们提前十分钟到场。

第五，复赛时所需物品：评分标准表、人员签到表、主持词、音响设备、话筒、场地、评分牌（10个）。

第六，进行人员安排。

②比赛期间。

复赛时间：4月16日，4月17日。

地点：教学楼第3栋301室和302室。

学生会所有干事提前一小时到达复赛现场，检查音响话筒等设备，人员各自就位。比赛前15分钟再次提醒评委到场。

评委到场后，由引导人员带领就座，主持人将评分标准与评分牌交到评委手上，告知他们比赛规则。

到达比赛场地的选手到工作人员身边签到登记，工作人员按选手登记的顺序进行临时编号，并告知选手上台顺序，如有音乐伴奏则将之交给管理音响设备的工作人员（第一个上场的选手有十分钟准备时间）。

选手上台后先自我介绍，然后朗诵自己准备的文章（朗诵时最好脱稿）。

每位选手朗诵完毕之后，评委根据评分标准表决定是否举起晋级牌，由评委们对得到四个或五个晋级牌的选手做出简短的点评，进行人员统计并记录选手得到的晋级牌个数。

③赛后安排。

第一，所有工作人员在比赛结束后共同确定最终晋级决赛的选手的名单。

第二，工作人员于18号通知9位选手最终晋级决赛，再次确认9位选手的姓名、院系及联系方式，并告知他们19号晚上19：00开会。

第三，制作选手名单，并打印出来。

（3）决赛。

①决赛前准备。

第一，4月18日中午负责人将9个参赛选手拉进QQ群随时通知比赛的注意事项。

第二，4月18日晚上7点进入决赛的选手在教学楼第3栋201室通过抽签分组决定出场顺序。

第三，负责人应在4月18日之前准备好抽签纸以及三组合诵的篇目，此时分好组别的选手分别由负责人拉进QQ群组，讨论合诵的诗词分配（每人所朗诵的部分不一样）。

第四，选手应在4月19日中午之前，将自己的照片发给负责人。4月19日晚7点本院文艺部部长在院办舞蹈室对选手进行培训，对诗歌朗诵做出具体明确的指导，三个负责人全部到场。

第五，同时通知选手应在4月21日前将自己的朗诵题目及相关信息的PPT（限1张），短片视频（介绍自己或者应援，时长约1分钟）上交给负责人。

第六，负责人将选手视频、赞助商视频信息制作成视频，并应在4月21日前制作好。

第七，负责部门在4月20日中午之前把决赛宣传语写好，晚上7点发布在各院部班级QQ群里。4月20日将选手照片信息打印出来。同时负责人通知选手在4月20日之前上交节目名称以及伴奏。

第八，4月21日在东西宣传栏前展示选手照片信息，加大宣传力度。

第九，主要负责人应在4月21日联系乐老师、洪院长、大学语文课程教师谢文芳老师、文传院孙和平老师和历届朗诵冠军，确认是否有时间出席决赛现场（若无法出席决赛现场，则联系其他人员）。联系广播台的姜声明、吴萌作为此次比赛的主持人。

②决赛安排。

第一，将进入决赛的选手的相关信息、赞助商视频，在决赛开场时播放。

第二，比赛中播放参赛选手自己做的PPT（包括诗歌内容及选手信息），以便决赛时让老师及观众观看。

第三，决赛在学术报告厅举办，邀请历届朗诵比赛的评委老师进行现场点评打分，最终评出各项奖项。

第四，进入决赛的有9名选手，共有两轮环节。环节一（淘汰赛）：被分好的3组分别合诵诗词，每组的3人中淘汰1名选手，留下2名选手晋级。环节二（巅峰对决）：留下的6名选手各自单独朗诵自己准备好的文章。在环节一和环节二之间穿插一个游戏。在环节二第3个选手朗诵完毕后设置一个抽奖环节。最后一名选手朗诵结束后进行评委点评。在环节二中，6位选手可邀请嘉宾来助阵。

第五，关于选手服装问题，没有强制性要求，但准备得充分可加分。表演中诗歌内容必须脱稿。

③决赛具体流程。

a.10：00 主要负责人到场考察。

b.13：00 学生会所有干事签到。

c.14：00 参赛人员签到，彩排。

d.18：00 参赛人员签到。

e.18：30 观众及评委入场。

f.18：40 视频播放，对参赛选手简单介绍。

g.19：05 主持人介绍评委及嘉宾，并介绍此次活动的主要目的、比赛要求、评分准则等。

h.比赛开始的参赛者按照赛前抽签分好的组别，依次上台进行诗歌朗诵（每组的三个人同台合诵同一篇文章，每组要求朗诵不同的文章）。

i.在每组组合选手朗诵结束后，进行一轮游戏。评委老师应在此时间内给三名选手打分，按照分数高低决定选手的去留（淘汰一名，留下两名）。游戏结束后主持人宣布比赛结果。

淘汰选手可在一分钟内谈谈对此次比赛的想法。

j.主持人讲话，晋级的六位选手进行最终朗诵。

k.待第 5 名选手朗诵完后，进行抽奖环节，工作人员在此期间进行统分。待最后一名选手朗诵完后，邀请评委代表讲话（评价与感想）。工作人员在此期间进行统分。

按照评委老师评出的分数高低，决定选手名次。

l.评委代表讲话后，主持人宣布比赛分数和名次。

m.对选手和优秀组织单位进行颁奖，比赛结束。

n.主持人宣布活动结束，工作人员、嘉宾、评委和选手合影留念。

（注：第一组选手朗诵完毕，评委现场打分，礼仪小姐统一收集分数牌后交给统分人员统计，下一组选手继续朗诵，第二组选手朗诵完毕，主持人公布第一组选手得分，以此类推。）

3）活动后期

（1）比赛结束后全体学生会成员留下打扫卫生进行善后工作。

（2）活动结束后学生代表在医工团委学生会例会上总结活动得失，并由组织部成员在活动结束后的三个工作日内写出活动总结并上交给校团委组织部。

11. 注意事项

（1）学生会成员应服从安排，不得与观众发生冲突，应积极热情，努力营造"诗文朗诵大赛"比赛现场的和谐氛围。

（2）参与评审的评委必须公平公正。比赛结果公开。

（3）活动现场将有工作人员维持现场秩序，尽力避免晚会中途有学生离场。

晚会结束后全体学生会成员留下打扫卫生进行善后工作。

邀请评委老师的工作要提前完成，并应对老师有礼貌。

（四）艺术作品收藏与咸宁名家笔会

1. 活动目的

（1）繁荣校园文化，构建"书香校园"。

（2）逐步在图书馆建立"艺术作品阅览室"。

2. 活动主题

书香校园，雅致湖科。

3. 活动地点

湖北科技学院图书馆。

4. 活动时间

2016年4月21日15时到18时。

5. 邀请领导及嘉宾

领导有时任党委书记的彭育园、时任校长的吴基良、时任副校长的钟儒刚。

书法方面的嘉宾有中国书法家协会会员、全国硬笔书法十杰之首、全国首届兰亭奖获得者邹慕白，中国书法家协会会员卢方祥，湖北书法家协会会员游爱民、张国建、鲁新武。

绘画方面的嘉宾有中国美术家协会会员周常顺、程洁，湖北美术家协会会员孙立诚、杜伟雄、孟青。

茶艺表演方面的嘉宾有中国一级茶艺师黎淑元，陆羽文化研究会会员王海波等人。

6. 活动流程

（1）14：00，嘉宾自带一幅作品免费供图书馆收藏。

（2）15：00，领导向嘉宾颁发《收藏证》，图书馆给嘉宾发放图书借阅证。

（3）15：00—15：30，领导与嘉宾简短交流。

（4）15：30，领导与嘉宾合影。

（5）15：30—5：30，嘉宾笔会，茶艺表演。

（6）18：00，工作餐。

作品展览三天，并在图书馆开辟"艺术作品阅览室"以收藏作品。

二、设立中小学生开放日：小朋友走进大学图书馆

2016年4月23日下午，某小学120余名五年级小朋友在湖北科技学院中心校区图书馆门口列队集合，依次参观图书馆各服务窗口，咸安校区图书馆负责人成家言老师做引导讲解。

参观图书馆之后，特别安排小朋友们到鄂南文化研究中心进行了参

观。中心主任定光平博士专程负责接待。

　　此次活动为图书馆践行社会主义核心价值观，推进咸宁高校服务中小学工作进程，提高高校图书馆服务社会能力而开展的系列活动之一。在"世界读书日"这天，学校图书馆与咸安区碧桂园外国语实验小学合作，将小朋友请进"大"图书馆，体会阅读的乐趣，感受知识殿堂的氛围。同时校图书馆向碧桂园外国语实验小学捐赠了图书。

三、湖北科技学院第六届读书文化节活动

（一）湖北科技学院第六届读书文化节之"挑战小百科"

1. 大赛背景

　　新学期伊始，为了丰富大学生校园生活，提高大学生综合素质，培养学生的思辨能力，营造学术研讨氛围，开阔大学生视野，丰富校园活动内容，并进一步丰富校园文化，展示校园社团风采，促进学校社团更好地发展，同时打造社团品牌，让学校全体师生更进一步了解社团、走进社团、融入社团，提高全体学生的综合素质和文明修养，湖北科技学院图书馆举办了本次比赛。

2. 主办单位

湖北科技学院图书馆。

3. 参赛要求

1）参赛主题

"挑战小百科"知识竞答。

2）比赛形式

抢答、必答。

3）参赛者

团体。

4）具体要求

（1）在初赛开始的前一天，安排社员们进行一次初赛模拟，找出比赛时可能出现的失误，并做好相应预案。

（2）必答题环节由各个队轮流答题，选手站起来答题，且只能由一个人站起来答题，不得抢答。

（3）抢答题环节，主持人念完题喊"开始"后，选手才可进行拨号。

（4）若10秒的答题时间内无人抢答，则该题废弃，进入下一题。

（5）选手答题过程中，只要在规定的时间里回答正确即可，例如，五角大楼位于哪个国家？答国名即可。注意在规定时间内作答。

（6）选手必须在主持人念完题目说"开始"之后，才能进行拨号抢答。

（7）主办方单位拥有对所有参赛流程及要求的解释权。

5）参赛违规情况举例及具体处理办法

（1）初赛要求选手下午6：30前到达指定教室，并配合工作人员的准备工作，晚上7点准时进行比赛，迟到则淘汰。

（2）抢答题环节必须在主持人念完题，说"开始"后方可拨号进行抢答，不得提前说出答案，违者倒扣1分。

（3）选手应自觉遵守纪律，维护现场秩序，配合工作人员的安排，不得大声喧哗，不得与工作人员发生口角，不得刻意违反规则。

（4）选手答题时需声音洪亮、清晰。

4．注意事项

（1）选手必须提前半小时到达比赛现场，进行抽签分组。

（2）比赛过程中要严格按照工作人员所记录的时间回答问题，选手不得借故拖延或者扰乱比赛秩序。

（3）计时工作一定要保证公正、准确。

（4）初赛和决赛现场要有相关工作人员维持现场秩序，观众要保持安静，以免影响选手答题。

5. 参与方法

（1）线上报名：联系网站活动页面的官方群，可在群里自主组队报名。

（2）现场报名：在宣传点报名，负责人登记整理。

6. 大赛进程

（1）初赛：2017 年 4 月 14 日。

（2）决赛：2017 年 4 月 21 日。

（3）颁奖典礼：2017 年 4 月下旬。

7. 奖项设置

（1）校级一等奖：1 组，奖励充电宝。

（2）校级二等奖：1 组，奖励 U 盘。

（3）校级三等奖：1 组，奖励精美笔记本。

（4）以上所有获奖小组成员皆可获得校级参赛活动分。

知识竞赛官方群号：185477528。

宣传点：东西区食堂窗体底端。

（二）湖北科技学院第六届读书节文化节之征文比赛

1. 大赛背景

为响应团中央号召，创设以"多读书，读好书，会读书"为宗旨的校园品牌文化活动，特举办"'爱上阅读，分享阅读'大学生读书节"。读书节对于提升大学生素质，提高校园文化活动品位，在学校营造良好的人文与科学氛围，引导大学生树立远大理想，激发学生读书创作的热情，全面提高大学生的综合素质，具有重要意义。

2. 主办单位

湖北科技学院图书馆。

3. 活动主题

爱上阅读，分享阅读。

4. 作品要求

（1）所有参赛作品要求原创。

（2）体裁、题材不限，可抒理想，可忆感情，亦可寻求信念。

（3）文章内容要求健康、积极向上，必须为自我原创作品，不得抄袭、套改。

（4）稿件要注明征文题目，以及所在专业、班级、文章作者姓名信息；标题用2号华文中宋字体，正文用5号宋体排版。

5. 参赛流程

1）活动简介

（1）分别由学生和专业教师组成初审团和复审团；初审团由专业教师推荐50名左右学生组成；复审团为学院专业教师。

（2）评奖。

①由初审团评选出优秀作品，参与一、二、三等奖的角逐。

②由复审团从推荐作品中评选一等奖作品1名，二等奖作品2名，三等奖作品3名，优秀作品5名

③只要参加都可以加活动分（这是校级活动分，对于评奖学金有很大作用），并且参加活动的同学能够得到印有图书馆印章的证书。

2）活动征文阶段

4月22日开始征稿，5月10日截稿。投稿方式主要有两种：一是将稿件投放至图书馆的指定收稿箱，二是将稿件发送至指定邮箱。

3）活动评比、颁奖阶段

5月10日至5月12日，评审团对稿件进行评比，5月14日举办颁奖活动。评比与颁奖地点视实际情况而定。

6. 评分细则

1）初审评分要求

（1）作品要求内容积极健康向上，严禁抄袭。

（2）作品以满分100分为打分的基础原则。基础等级评分（满分60分）根据作品的审题立意、内容、结构、语言四方面进行评定。发展等级评分（满分40分），根据作品整体的丰富性、深刻性、文采、创意进行评定。

（3）作品在基本切题的前提下，达到"三基本"（中心基本明确，结构基本完整，语言基本通顺）要求的，基础总分为52分。

（4）但凡抄袭网络作品超过2/3，应视为抄袭作品，扣20分，超过1/3的扣5分；对原文抄袭超过2/3，应作为无立意作品处理，扣15分；如全文抄袭直接认定为0分。

（注：稿子只要达到60分以上就通过初审进入下一轮复审。）

2）复审评分要求

要求有独特的观点、内容新颖（25分），感情充沛、文字具有感染力（50分），文笔出色、具有一定文学功底（25分），共100分。

7. 知识产权说明

（1）本次大赛主办单位对获奖作品拥有发表权和出版权，对收藏作品拥有所有权，如若作品以其他方式获得稿费，作品的原作者也将获得相应报酬。作者对其作品的出版和发表拥有署名权，所有参赛稿件一律不退，请作者自留底稿。

（2）入围名单将在凤凰文学社公众号上公布，文学社也要将一些优秀作品推荐给知名报刊，在文学社公众号上以及汤圆创作、掌阅等平台上推送。

（三）湖北科技学院第六届读书节之诗文朗诵

此次比赛邀请图书馆副馆长廖建林教授、图书馆馆长朱宁研究馆员、生物医学工程学院副院长洪俊田老师、生物医学工程学院乐建兵老师、校团委主任徐瑶，以及各兄弟系团委书记及学生会代表参加。

5月3日晚7点30分，活动准时开始。

开始是团队赛，团队为四个七人的大队伍，每个团队分别上台朗诵诗文，然后由评委打分。在四个大组分别结束自己的朗诵之后，进行团队赛的名次排名。在比赛中大家的表现都可圈可点。之后是特邀嘉宾张天宇的一首《爸爸妈妈》，演唱结束之后全场响起了一片掌声。随后开始的是个人赛。十二个小队展开了激烈的竞争。期间还穿插了一个小游戏：家乡话。师生都上台说一句自己家乡的话，让观众猜测自己家乡为何处，猜中者获得小礼品一份。

最后，由副院长洪俊田老师为所有获奖的队伍颁奖并合影留念。

比赛共进行了两个多小时，此次比赛分别设立了一、二、三等奖和优秀奖，桂冠由广播台代表队获得，基础院的两支代表队分别获得了二等奖，五官院、计科院、经管院获得三等奖，其他队伍获得优秀奖。

（四）湖北科技学院第六届读书节之专题讲座

5月11日晚上7点30分，香城论坛第二讲，湖北科技学院第六届读书节之专题讲座"智慧人生——从诵读经典开始"在行政楼二楼综合会议室顺利举办，咸宁市国学经典诵读教育联合推广中心主任胡双九老师应邀莅临学校讲学。

"弟子规，圣人训，首孝悌，次谨信……"胡老师从引导大家诵读《弟子规》开始，把国学的精髓融入现代生活，从大学生将面对的学习（自立）、恋爱（择偶）、工作（择业）、婚姻（成家）等问题入手，完美地阐释了国学的内涵和魅力，并围绕"智慧人生"话题，声情并茂、引经据典地展开了论述，引导学生学习、理解和感悟中华民族的优秀传统文化。

本次讲座由图书馆常务副馆长陈红勤研究馆员主持。她表示，中华五千年的悠久历史，孕育了底蕴深厚的民族文化，华夏源远流长的经典诗文，是文化艺苑中经久不衰的瑰宝。本次讲座内容丰富、事例生动，在展现国学经典魅力的同时，让师生的心灵得到了洗礼和升华，也让大家对国学有了更直观的感受和更深刻的认识。

（五）湖北科技学院第六届读书节活动总结

为响应国家"倡导全民阅读，建设书香社会"的号召，引导广大师生"多读书、好读书、读好书"，营造书香浓郁、积极向上、健康文明的校园文化氛围，让师生在读书中领悟人生真谛，实现个人价值，湖北科技学院结合图书馆2017年工作计划，开展了丰富多彩的系列读书活动，取得了良好的社会效果。现将活动开展情况总结如下。

1. 举办以"书写胸中大情意，法承古规形飘然"为主题的书画展

4月19日到4月21日，图书馆开展了以"书写胸中大情意，法承

第四章 高校图书馆全民阅读推广的实践——以湖北科技学院图书馆为例

古规形飘然"为主题的书画展活动。本次活动培养了师生的书法绘画兴趣，有助于让师生掌握一门有着深厚文化内涵的技能，丰富学生的课余生活，传播校园文化，达到了图书馆的预期目的。

2. 开展朗读者相关文章推荐和书目推荐活动

《朗读者》是中央电视台推出的大型文化情感类节目，由央视创造传媒有限公司承担制作，由中央电视台综合频道与综艺频道在黄金时间联合播出。该节目以个人成长、情感体验、背景故事与传世佳作相结合的方式，选用精美的文字，用最平实的情感解读文字背后的价值，为实现文化感染人、鼓舞人、教育人的引导作用，展现有血有肉的真实人物情感，贡献了一份力量。为此，图书馆特此开展"朗读者"大型阅读推广系列活动。在"朗读者"系列推广活动中，每期活动都会根据主题，回顾古今诗词、文学经典、诗歌散文、名人传记等内容，让现场读者感受文学的力量，引发共鸣，感受文学之美、情感之美，让文学中的"情感"成为人与人之间的联结，让文学回归生活语境。达到增强学校文化氛围，建设书香校园、雅致湖科，增强图书馆影响力，提高馆藏资源的利用率，丰富学生业余生活，提高学生素质的目的。另外，以此为契机，图书馆将馆藏纸本书目和电子图书一并推荐给了读者。

3. 开展诗文朗诵比赛活动

5月3日晚7点30分，湖北科技学院诗文朗诵比赛决赛在中心校区教学楼第3栋402室举行。此次比赛邀请了图书馆副馆长廖建林教授、图书馆原馆长朱宁研究馆员、生物医学工程学院副院长洪俊田老师、生物医学工程学院乐建兵老师、校团委主任徐瑶，以及各兄弟系团委书记及学生会代表共同参与。比赛共进行了两个多小时，此次比赛设立了一、二、三等奖和优秀奖，桂冠由广播台代表队获得，基础院两支代表队获得二等奖，五官院、计科院、经管院代表队获三等奖，其他队伍获得优秀奖。此次活动的目的主要是增强大学生的文学意识，在全校内形成一种"爱文学"的氛围，加强大学生的文化素质教育，引导大学生积极建设校园文化，弘扬民族文化，活跃校园学术氛围，提高学校的文化品位的主人翁意识。

4. 开展数字资源讲座和检索知识大赛活动

图书馆围绕"多读书，读好书，会读书"这一主题，携手数据库公司开展了主题为"爱上阅读，分享阅读"的"世界读书日"系列活动。活动旨在提高广大读者的文献检索技能，培养其良好的阅读习惯。活动历时一个多月，组织得当，影响广泛，取得了预期效果。一是数字资源检索培训：4月19日下午2：30，国道外文数据库区域经理李函就如何利用国道外文助力"双一流"应用开展了培训活动；4月20日下午2：30，万方数据库销售经理刘丹以"万方数据知识服务平台——论文写作帮手"为主题举办了精彩讲座。二是检索知识大赛：图书馆于4月1日，借"世界读书日"的契机，举办了"知海寻宝"线上知识竞赛。

5. 开展挑战小百科竞赛活动

4月14至4月21日，图书馆开展了挑战小百科竞赛。本次比赛的目的在于提高大学生各方面的知识水平，并在比赛中培养大学生的团队协作能力，通过竞赛提高大学生的学习兴趣，帮助大学生增长知识，培养大学生的科技创新的精神，增强大学生实践的意识和能力，强化湖北科技学院的学习氛围，帮助大学生培养阅读的好习惯，丰富其课内外知识。

6. 举办知识竞赛活动

4月1日到4月16日，图书馆举办了以"湖科学子赛知识，大千世界我均知"为主题的知识竞赛活动。本次大赛致力培养大学生的文化内涵、智慧才能和文化气质。随着经济物质的发展，人们不应只注重物质文化的需求，还应重视精神文明，尤其是在大学校园内，大学生的道德素质、个人需要越来越受到社会的关注。为了培养当代大学生的口头表达能力，促进校园文化的发展，丰富大学生校园生活，充分展示湖北科技学院学子健康活泼、积极向上的精神风貌，大赛以发挥自身特长、增长知识、丰富业余生活为目的，秉承了湖北科技学院"敏行，敢先"的校训，为湖北科技学院的有才之人提供了一个展现自我的舞台，让湖北科技学院的同学从活动中挑战自我，锻炼自我，达到了预期目的。

7.咸宁市世界读书日·全民读书月、"两创三促"经典诵读暨咸宁好书画进校园活动

4月21日，2017年咸宁市"世界读书日·全民读书月"暨"两创三促"经典诵读活动，在湖北科技学院校图书馆学术报告厅启动。活动由市委、市政府主办，市委宣传部、市文新广局、湖北科技学院承办。市委副书记吴晖、校党委书记田辉玉等领导出席启动仪式，武汉大学博士生导师樊星教授应邀举办讲座。

同期，以"书香校园，雅致湖科"为主题的校园读书节活动在图书馆二楼大厅启动，多名书画名家应邀到现场为师生泼墨绘彩。党委书记田辉玉、副校长钟儒刚与图书馆主要负责同志出席活动。

8.相关活动陆续展开

图书馆还组织了其他相关活动，如国学经典讲座、真人图书馆和名师导读等。

四、万方数据读书月之检索知识大赛活动

为迎接2017年4月23日"世界读书日"的到来，引导和鼓励广大

师生走进图书馆，与书为友，进一步丰富校园文化生活，万方数据特推出本活动。

（一）活动时间

2017年4月1日—5月31日。

（二）活动地点

线上。

（三）主办方

图书馆。

（四）活动对象

全省高校师生。

（五）参赛方式

（1）扫描"万方数据数图事业部"微信二维码，并关注。

（2）进入公众号，回复"查文献上万方"，获得答题专用链接。

（3）填写个人信息，进入平台答题。

（六）竞赛规则

（1）每人一次答题机会。

（2）随机抽取30道选择题，包含检索基础知识和产品（含万方及相关合作厂商的产品）知识的题目。

（3）答题时间为35分钟，超时系统自动收卷。

（4）根据答题正确率、答题时间确定获奖者。

第四章　高校图书馆全民阅读推广的实践——以湖北科技学院图书馆为例

（七）活动说明

本次竞赛奖品将在活动结束后 15 个工作日内发放。

活动奖品将寄往图书馆，由图书馆统一发放。

个人信息须真实有效，以便顺利发放奖品。

（八）奖项设置

一等奖 1 名，奖励华为荣耀畅玩 6X。

二等奖 2 名，奖励电子阅读器。

三等奖 5 名，奖励罗马仕 SenseX 移动电源。

纪念奖 50 名，奖励 MAYO 时尚旅行包。

五、"知海寻宝"线上知识竞赛活动

为增强大众的阅读意识，鼓励大众利用碎片化时间进行线上检索与阅读，养成良好的阅读习惯，弘扬尊重知识、崇尚文明的阅读理念，营造文明优雅的学习氛围，引导大众以书为友，学会电子检索与阅读，养成良好的自主阅读习惯，图书馆携手同方知网（北京）技术有限公司湖北分公司借"世界读书日"的契机，举办了"知海寻宝"线上知识竞赛。

（一）活动参与对象

湖北科技学院全体师生。

（二）活动时间

2017 年 4 月 6 日—5 月 31 日。

（三）活动参与方式

关注微信公众号"知网湖北"，点击聊天页面菜单栏"知动态"的

"知海寻宝"即可参赛。

(四) 评奖方式

按答题速度和答题正确率进行评奖, 2017 年 6 月中下旬在微信平台公示获奖名单。

(五) 奖品

一等奖 10 名, 每位获奖者奖励户外帐篷一顶。
二等奖 20 名, 每位获奖者奖励超声波 USB 加湿器香薰机一台。
三等奖 50 名, 每位获奖者奖励 U 型枕一个。
优秀奖 70 名, 每位获奖者奖励大白充电小台灯一台。

(六) 活动链接、微信公众号

本次活动答题可点击链接,人们也可以扫描二维码进行关注答题。答题二维码为知网湖北微信公众号的二维码。

第四节 诵中华经典,沐校园书香

一、经典美文诵读大赛

中华文化源远流长、灿烂辉煌,是滋养中华民族生生不息、发展壮大的丰厚营养,对延续和发展中华文明、促进人类文明进步,发挥着重要作用。为深入学习贯彻落实党的十九大精神,弘扬中华优秀传统文化,进一步促进学校精神文明建设和书香校园建设,同时为了组织优秀人才和作品参加全国大学生中华经典美文诵读大赛,图书馆联合宣传部、语委办特举办首届湖北科技学院经典美文诵读大赛暨全国大学生中华经典美文诵读大赛校内选拔赛。具体事宜如下。

（一）活动主题

诵中华经典，沐校园书香。

（二）活动对象

全体在校学生。

（三）参赛作品要求

诵读题材以中华经典美文为主，体裁不限，内容要兼具思想性、文化性、艺术性，弘扬中华优秀传统文化。

比赛采取单人或双人组合诵读的形式，作品形式为音频或视频，可自行选择录音、录像工具，需保证音频或视频的清晰度，单个作品总时长不超过5分钟。

参赛作品须为原创录制作品，若发现非原创录制作品，一经查明，将取消比赛资格。严禁请人代录，一经发现取消参赛资格并通报批评。

（四）报名方式

在报名截止前，参赛师生可自主进行音频朗读、视频制作，然后根据湖北科技学院学习通首页"诵读大赛"中的"湖北科技学院学习通使用说明"，将作品上传提交到"经典美文诵读作品提交区"。

作品中要说明录制选手的姓名、学号、学院，诵读作品的名称、作者，以及选手的联系方式，参赛作品以"选手姓名+作品名称"命名，如"李明 诵读作品：念奴娇·赤壁怀古"。

作品接收截止时间：2018年4月25日。

（五）参赛作品评审及推选规则

图书馆、宣传部、语委办将组织相关专家进行参赛作品的评审，分别评出一等奖、二等奖、三等奖及优秀奖并择时进行颁奖。

专家培训及全国大学生中华经典美文诵读大赛提交时间为4月26日到4月30日。图书馆、宣传部、语委办将组织相关专家对获奖的同学进行培训辅导及作品的录制或完善。以学校为单位，从中推选3个优秀作品参加全国大赛。

（六）奖项设置

1. 校内比赛

一等奖（1个）：颁发获奖证书及小米行李箱一个。
二等奖（3个）：每人颁发获奖证书及膳魔师保温杯一个。
三等奖（5个）：每人颁发获奖证书及泰迪公仔抱熊一个。
优秀奖（20个）：每人颁发获奖证书及纪念品。

2. 全国比赛参赛

无论是否取得全国比赛的名次，图书馆皆另发"参赛奖"进行鼓励。

（七）联系方式

联系人：刘老师。
邮箱：99938251@qq.com。

（八）参赛须知

参赛作品请自留副本，提交后作品不予退还，比赛结束后，优秀作品将在图书馆相关网络平台进行宣推。

主办单位享有对作品进行转载、修改、使用的权利。如有异议，可后期协商。

（九）比赛成果

学校图书馆积极组织学生参赛，经过"首届湖北科技学院经典美文诵读大赛"的选拔，最终选定了人文与传媒学院陈显荣、音乐学院张世杰诵读作品《我的南方和北方》，基础医学院王晗瑜、电信学院董知微诵读作品《黄河》，音乐学院马骁霖诵读作品《我的爸爸》这五名优秀学生的三个作品代表学校参赛。

在全国300余所高校选送的近900个作品中，通过专家在线评审、现场评审，以及两轮评比选拔，湖北科技学院人文与传媒学院陈显荣、音乐学院张世杰的诵读作品《我的南方和北方》荣获2018年全国大学生经典美文诵读大赛三等奖。

二、第七届读书节活动之留学生如何利用图书馆资源的英文讲座

2018年4月27日下午，图书馆四楼会议室时时响起热烈的掌声，这是信息部夏祥翔老师在接受近百名留学生的咨询。问题一个接一个，欢笑声、鼓掌声此起彼伏，气氛十分热烈。

据了解，学校留学生越来越多，图书馆多次研究过如何引导留学生来图书馆多读书、读好书，要做好这项工作先要帮助留学生了解图书馆、认知图书馆，最后才能助其有效利用图书馆。图书馆负责人陈红勤说："为了实现这一目标，'留学生如何利用图书馆资源的英文讲座'特被列为第七届读书节活动之一，引导留学生来共享图书资源，实现留学的目标。以后，工作人员也要提高英语水平，普及图书服务英语50句，使每个馆员都能够顺畅服务留学生。"

此次讲座，夏老师针对留学生对图书馆的需求特点，综合介绍了图书馆的概况、图书馆实体资源和数字资源的利用方法、图书馆特色服务等内容。参加讲座的留学生也针对讲座中的一些内容提出了自己在使用过程中的疑问，并就图书馆数字资源的具体使用方法及文献检索方法与主讲老师进行了充分的交流，表达了自己的看法。之后，夏老师带领留学生进行了实地参观和现场实际操作，加深了留学生对图书馆资源利用方法的印象。

这次讲座得到了校国际学院的协助配合，国际学院的近百名留学生参加了讲座。这次讲座，将有助于提高图书馆资源的利用率，帮助留学生进一步了解图书馆的资源和服务，为他们在以后的学习中提供了助力，一定程度上有助于留学生在新的学习环境中培养良好的信息素养和能力。

三、第七届读书文化节诗歌朗诵大赛决赛

为促进校园文化建设，打造书香校园，5月20日，"诵经典文化，燃诗韵芳华"第七届读书文化节诗歌朗诵大赛决赛举办。

本次决赛的五支队伍分别带来了《南京，我的南京！》《与妻书》《生如胡杨》《秋瑾》《忆余光中》等篇目的朗诵表演。最后，经评委综合评定，临床医学院洪咏日等人带来的《秋瑾》获得第一名，电子信息与工程学院董知微等人带来的《忆余光中》获得第二名，基础医学院饶宋贤等人带来的《与妻书》获得第三名。

本次活动由图书馆主办，生物医学工程学院承办。

四、"梦想起航，与'知'同行"开学季培训活动

为帮助大学生通过数字资源快速准确地获取知识资源，提高日常学习及论文的写作效率，中国知网特针对老生及毕业生举办了本次培训活动，帮助大学生了解中国知识基础设施工程（China National Knowledge

Infrastructure, CNKI），并借此获取自己想要的文献资源，将之用于日常的学习。具体培训活动安排如下。

（一）活动时间

2018年9月26日下午。

（二）活动地点

中心校区图书馆4楼会议室。

（三）活动主题

老生温故"知"新，致"知"于行。

毕业生保持学力，遇见更好的未来。

（四）活动内容

本次培训采取PPT演示与现场演讲相结合的方式，从学校不同年级学生的角度出发，讲解如何认识CNKI数字图书馆，如何熟练掌握检索及论文写作技巧，有助于学生在学习生活中合理地利用电子资源进行学习、发现、创新。

（五）活动奖品

知网笔记本、小风扇、手机支架、卡通水杯。

五、2018年"书记荐书我阅读"

2018年6月26日，"书记荐书我阅读"活动接近尾声，资环学院、体育学院、临床医学院、计算机学院、数计学院、艺术学院的五千多名师生积极参与其中，并有290人写了书评。通过检索老师的批阅、推荐、互评和总评，资环学院李学鑫、数统学院娄佳等人获得书评一等奖，另有二等奖获得者5名，三等奖获得者10名，纪念奖获得者12名。

4月23日，"世界读书日"活动在全国各地隆重举行，学校举行了声势浩大的"万人诵读"比赛。图书馆响应党委号召，及时举办了"第七届读书文化节"。4月26日，党委书记田辉玉同志看到校园中如火如荼的读书氛围，欣然向读者推荐了2018年三本书畅销书：《习近平的七年知青岁月》《乡土中国》《未来简史》。

得知党委书记亲自向读者推荐书目，图书馆上下洋溢着被领导指导和支持的兴奋，也有如何开展活动的担忧。当天下午，图书馆经过讨论，决定与团委联合开展"书记荐书我阅读"活动，资源建设部主任茹丽君具体负责组织，技术部主任刘小成同志负责电子书的搜索与推介，文检课老师负责宣传、发动与组织阅读。同时，每位党员发了一本《习近平的七年知青岁月》作为今年的必读书。

茹丽君同志加班加点看完三本书后感慨地说："书记站在当下时局里，从过去到未来，指引我们享受了一次精神洗礼。"她说，《习近平的七年知青岁月》这本书，记述了40多年前总书记在梁家河知青时期的艰苦生活和成长历程，反映了青年习近平有情意、勤思考、善思辨、志存高远、知行合一的品格风范。习近平总书记的青春，是在黄土高原上挥洒汗水、在梁家河静心打磨的人生，为现在的治国理政打下了"以人民为中心"的坚实基础。这本书可以帮助各位读者反思"青春将以何种姿态来展示？"，通过习近平主席的七年知青岁月，给了大学生以榜样式的青春答案。人，没有谁"天生伟大"，只有愿把无悔的青春刻写在扎扎实实的奋斗中，将个人价值与中华民族伟大复兴的理想信念融为一体，人的精神才能得到升华。

"与信仰对话"后，田书记推荐的第二本书——《乡土中国》，带领读者迈上了寻根之旅。《乡土中国》所辑录的是费孝通先生于二十世纪四十年代在西南联大和云南大学的讲课内容，虽是寥寥万言，却微言大义，每篇文章都涉及了乡土社会的关键问题，可以帮助人们认清传统，了解国情，熟悉国情。现在，随着改革开放的深入推进，站在世界融合全球发展的路口，只有把世界的先进经验与中国国情相结合，才能在创新之路上披荆斩棘。

《未来简史》是田书记推荐的第三本书。本书通过梳理人类历史发展历程，从人类战胜饥饿疾病及战争的事实出发，站在人类创造的现代科技的角度，提出人类未来面临的三大议题：第一，生物真的只是算法，而生命也真的只是数据处理吗；第二，智能和意识，究竟哪一个才更有价值；第三，等到无意识但具备高智能的算法比人类更了解人类自己时，社会、政治和日常生活将会有什么变化。这三个问题，带领与现代科技息息相关的读者去思考，身为芸芸众生中的一员，未来何去何从，是接受，是服从，还是创新，抑或驾驭。

"书记荐书我阅读"活动虽已告一段落，但留给图书馆思考的话题仍是太多太多。图书馆负责人陈红勤同志举一反三：书记荐书，校长、专家也可以荐书，高端引领才能高端呼应；校内荐书，也可以校外荐书，学校与社会同频共振，才能紧跟时代步伐；专家荐书，市场也可以荐书，顺应潮流，立于潮头，高校才能真正起到引领文化的作用。同时，如何采编、何时采编、谁来采编，图书馆工作人员与读者之间是何种关系才算融洽，推广阅读的方法怎样更有效，也是值得深入思考的问题。书记的点拨，必将推动学校阅读推广大步向前。

六、第八届读书节征文活动

2019年5月17日晚7：00，由图书馆主办、体育学院和凤凰文学社共同承办的第八届读书节"返璞归真，追溯纸质之美"征文活动落下帷幕。临床医学院的凌宇获一等奖，临床医学院的秦方、五官医学院的曾宇祺获二等奖，人文与传媒学院的舒钗、生物医学工程学院的徐晨竞、人文与传媒学院的谢海平获三等奖，优秀奖被苏玥、曹东明、蔡琼、余华章、张正富、崔航收入囊中。

座谈会在图书馆阅览部主任的指导下进行，凤凰文学社前任社长舒通、图书馆学生馆员负责人代鹏辉、图书馆学生馆员兼校学生会学习部主任李建东、18级征文活动负责人等一百多人，在图书馆三楼现刊阅览室畅所欲言。

获奖选手代表凌宇、曾宇祺、秦方、苏玥毫无保留地为大家分享了自己的写作经历和经验，赢得了大家热烈的掌声。

七、"图书馆讲堂"第十讲

2019年11月14日下午，在图书馆四楼大会议室，"图书馆讲堂"第十讲开始了，陈红勤馆长和茹丽君主任为大家分享了"中南六省"高校图书馆年会学术研讨会的内容，图书馆全体职工参加了学习。

陈馆长跟大家分享了北大图书馆朱强馆长的《迈入新时代的高校图书馆：机遇和挑战》。我国高等教育进入内涵式发展时期，"双一流计划""双万计划"建设有利于我国高等教育实现资源优化配置，但目前我国依然存在发展不平衡不充分的问题。陈馆长介绍了全球图书馆的十大机遇，重点讲了我国高校图书馆发展的新机遇（重新定位、综合差距、配合学校目标任务、乘势而为争取发展）和我国高校图书馆面临的新挑战（技术进步、需求变化、资源拓展、服务创新等）。我馆助力学校的"双一流"建设开展了一些新服务，如嵌入式教学等。高校图书馆要"不忘初心、牢记使命"，图书馆的初心是为书找人、为人找书，图书馆的使命是收集、整理、保存、传播人类文明成果。

茹主任跟大家分享了《坚持"以人为本"，聚焦医学人文精神，弘扬南方医科大学图书馆多维度培育医学人文精神的实践探索》《高校图书馆服务创新的新动向：文献资源的特色化经营与开发》《洛阳理工学院图书馆建设与实践》等文章。

听完两位领导的分享，大家深刻感受到，身为图书馆人，既要脚踏实地把工作做好，也要经常了解外面的新知，注重提升自身的素养，在开拓中满足新时期不断变化的读者需求，实现身为图书馆工作人员的价值。

八、图书馆科研资源进院部活动

2019年11月21日下午，图书馆参考咨询部负责人茹丽君与数据库讲师，组织护理学院教师开展了一场专场培训讲座。

茹丽君就图书馆现有针对教职工的服务做了现场推广后，讲师柳欢结合护理学科特点，围绕迈特思创外文数据库的外文医学信息资源检索、护理诊疗知识和科研信息服务平台、科研发现及科研工具的使用做了详细讲解。讲座结束后，针对教师们饶有兴趣的"科研发现"之"开放式"与"闭合式"课题发现模式，他们再次结合案例做了示范讲解。讲座得到了院部教师的高度认可。

图书馆将逐步主动走进各院部，推广馆藏资源，提高资源利用效率，助力教师教学与科学研究。

第五节 品国学·诵经典·传承中华文化

一、"书香咸宁·亲子共读"活动

2019年11月30日下午，"书香咸宁·亲子共读"活动启动仪式在湖北科技学院学校图书馆学术报告厅隆重举行，CCTV-14少儿节目主持人栗子亲临现场参与展演，她通过扮演不同角色演绎童话故事，把五百名幼儿读者带入了情景剧中，引导孩子从小爱上阅读（图4-17）。

此次活动由市全民阅读办公室、湖北科技学院学校图书馆联合"小读者学堂"APP开发者主办，旨在加强校地合作，引领社会文化，推动"全民阅读"活动的开展，让全社会重视亲子共读，并由孩子推广到市民,打造"书香咸宁"靓丽品牌。

图4-17 "书香咸宁·亲子共读"活动现场

二、"品国学·诵经典·传承中华文化"诵读大赛校内奖项

(一)评选结果

2020年上学期,由湖北省高等学校图书情报工作委员会主办,湖北省高等学校图书情报工作委员会阅读推广专业委员会承办的"品国学·诵经典·传承中华文化"暨第三届湖北省高校"寻找最美之声"中华经典美文诵读大赛落下帷幕。

举办本次大赛旨在弘扬和传播中华优秀传统文化,帮助大学生亲近国学精粹,提升个人文化素养。

(二)湖北科技学院获奖名单

自开赛以来,湖北科技学院共有60个参赛作品,获奖名单如表4-5所示。

表4-5　中华经典美文诵读大赛获奖名单

获奖者	奖项	朗读作品
卜世杰	一等奖	《匆匆》（选段）
李顺雨	二等奖	《平凡的世界》
何怡雨		《红船，从南湖起航——献给建党九十周年》
彭子颖	三等奖	《青春中国》
吴安琪		《伟大与渺小》
艾津伊		《听听，秋的声音》
喻潇		《藏羚羊的跪拜》
黄越 秦方		《我的南方和北方》（节选）
李梦真		《预言》

三、湖北科技学院图书馆第十届读书节系列活动安排

湖北科技学院第十届读书节系列活动安排如表4-6所示。

表4-6　第十届读书节系列活动安排

活动形式	活动内容	活动地点	时间安排	责任部室
"师生选书、我们买单"活动	线下选书	资源建设部	全年	资源建设部
	线上购书	图书馆主页在线荐购	3月22日—4月30日	资源建设部
数字资源学科服务移动阅读宣传推广活动	宣传图书馆数字资源、文献传递、超星移动图书馆等资源和服务项目	图书馆网站、大厅、教室	4月1—30日	信息部
第二届湖北省高校书评影评大赛	面向全校征集书评影评	各院部	4月5日—5月31日	参考咨询部
数字资源利用讲座	针对研究生及医药卫生院部教师，举办线下讲座	院部会议室、研究生教室	4月2日—6月30日	参考咨询部
第三届湖北高校图书馆"馆员风采"大赛	馆员自我学习与提升	图书馆内	4到10月	参考咨询部

续 表

活动形式	活动内容	活动地点	时间安排	责任部室
志愿者体验活动	招募图书馆志愿者，让学生参与图书馆业务工作，发放倡议书，举办做文明读者签名活动，引导同学们养成爱图书的好习惯，做文明读者	各书库	4月15日	阅览部
知识竞赛	围绕读书节主题进行知识比赛	各教室	4月5日—4月30日	办公室、读者协会
	"百年荣光，薪火相传"博看网2021年有奖知识竞答	图书馆网站、微信公众号	3月29日—4月2日	信息部
	"重温百年党史，传承红色基因"党史知识竞赛	图书馆网站、微信公众号	4月6日—5月21日	信息部
	"知海寻宝"线上知识竞赛	图书馆网站、微信公众号	3月22日—5月21日	信息部
朗诵比赛	第四届湖北省高校"寻找最美之声"诵读大赛	博看朗读小程序	4月2日—4月26日	参考咨询部、信息部
	围绕读书节主题，进行诗文朗诵比赛	各教室	4月20日—5月27日	办公室、读者协会
"建党百年峥嵘岁月"	每天30分钟一讲座，邀请名师、将军院士开讲。共有三个篇章，21场讲座，共同回顾百年峥嵘岁月	图书馆网站、微信公众号、超星学习通	4月8日—5月18日	信息部
线上直播系列活动	实用技能、考研、四六级、数据库使用讲座	图书馆网站、微信公众号	4月12日—5月19日	信息部
阅读活动	寻找阅读小企鹅计划	图书馆网站、微信公众号	4月1日—4月30日	信息部
图书推荐	在各阅览室设置专用架位展示图书馆借阅率和流通率较高以及社会反响较好的图书	各阅览窗口	4月10日—5月10日	阅览部
征文比赛	围绕读书节主题进行征文比赛	各教室	4月23日—5月10日	办公室、读者协会

四、图书馆"送讲座"走进研究生院

2021年4月14日下午,图书馆邀请SpiScholar学术资源数据库讲师深入学校研究生院开展讲座。2021年读书节活动之"送讲座进院部"就此拉开帷幕。

本次讲座面向一百多名药学研究生,讲师详细讲解的内容主要有以下两个方面:一是如何利用SpiScholar学术资源在线主动发现与本学科相关的核心外文期刊,获取优质文献资源;二是如何利用期刊分析功能,有针对性地为发表论文寻找指导资料,提高发文命中率。培训结束,图书馆的茹丽君老师与研究生分享了文献传递互助的途径。

据悉,"送讲座进院部"是学校图书馆在时代背景与技术革新的驱动下,感知用户需求,改善服务方式、内容和空间的有力举措,旨在将知识产品主动送到用户身边,提高学校资源利用率,进一步提升教学科研的水平。

五、湖北科技学院悦阅求索协会迎新见面会(第1期书影会)

2021年10月9日下午,湖北科技学院悦阅求索协会(原读者协会)在西区倍阅书店开展迎新见面会活动。

开场,由副会长邓宇航对悦阅求索协会本次迎新会的流程、各部门工作职责及日常活动进行了简单的介绍,同时表示期待"萌新"的到来。

随后,在游戏"听歌传书"环节,同学们和老师围成一圈,当音乐播放时,书就开始传,而当音乐暂停时,书到谁手,谁就是"幸运者",就要进行自我介绍并表演才艺。书店内的气氛有了微妙的变化。人际关系随着书本在人与人之间的传递而升温。

在"顶气球"比赛环节中,参赛选手三人一组,以中间的凳子为界,双方用头顶球,哪方先落地为输。调皮的气球在一张张朝气蓬勃的脸庞间上下舞动，掩不住的笑意在同学们的嘴角肆意绽开。同学们和老师乐在其中。

随后，会长和副会长以及各部门部长进行了简单的自我介绍，各自陈述了自己加入协会的原因以及希望在这个协会中收获什么，同时表达了对协会未来的憧憬。紧接着，"萌新"一一进行了自我介绍，对于老师提出的"你为什么要来这个协会"的问题，有的人对答如流、毫不怯场，有的人面露紧张，却还是完美地表达了自己对大学生活、图书馆以及社团的看法。

来参加迎新会的新生虽然来自不同院系、不同专业，但都怀着一颗热爱阅读、渴望成长的心在悦阅求索协会相聚。希望悦阅求索协会能陪伴他们成长，实现协会的初衷："悦阅"，享受阅读的乐趣，"求索"前行，积极求进。

迎新会结束后，师生组织开展了悦阅求索协会第 1 期书影会。书影会旨在通过电影引导阅读兴趣，通过阅读原著深入领会作者意图。本次观影会的电影为《怦然心动》，该片改编自文德琳·范·德拉安南（Wendelin Van Draanen）的同名原著小说，通过描述在童年、青春时光时男孩女孩间的"战争"来引导读者思考人的成长。

影片播放期间，同学们聚精会神，一起体会电影中细腻而震撼人心的情感。电影结束后，大家一起对电影进行了深度的剖析，有的人从电影的结构、情节、拍摄手法等方面进行了分析，有同学对电影情节所反映出来的人生哲理进行阐释，还有同学从矛盾爆发点进行剖析。大家各抒己见，可谓一千个人眼里有一千个哈姆雷特。

在这样的讨论中，每个人都能发表自己的见解，同时能听到别人的分析，每个人都受益匪浅。书可以是一部电影，电影又何尝不是一本有声之书。

大家也开始期待下一次观影会的到来，期待一起积极讨论，共同进步，在协会中寻找到自己的归属感，交到真正志同道合的朋友，从阅读中获得真正的快乐，收获一个有意义的大学旅程。同时祝福悦阅求索协会的明天越来越美好。

六、悦阅求索协会第 2 期书影会

2021 年 10 月 30 日晚，悦阅求索协会第 2 期书影会在图书馆特藏阅览室成功举办。在自我介绍环节和有趣的游戏环节之后，同学们互相推荐了自己喜欢的书，在老师及协会会长的鼓励下，同学们在这个小而暖的分享空间里越来越放松，大家逐渐展开讨论进行了充分的交流。

活动结束前，同学们分享了本次读书会的收获，总结如下：同学们互相推荐了很多有趣的书，如《岛上书店》《你当像鸟飞往你的山》《明朝那些事儿》《麦田守望者》《活着》《风之影》《我亲爱的甜橙树》《罪与罚》《小王子》《三体》以及"常新港心灵成长系列"丛书等优秀作品；同学们之间不同的读书方法，让他们意识到，在读书时不能只注重故事情节，更要注意到故事给人带来的思考以及对个人思想的升华；读书也要从多方面、多角度来思考，书友们的交流，新观点的碰撞，可以让思想不困于一隅；在读书前应先了解一下作者创作的背景，这不仅有趣，还会让人对书的内容有更深刻的体会。

七、悦阅求索协会第 3 期书影会

2021 年 11 月 13 日下午，悦阅求索协会第 3 期书影会在湖北科技学院中心校区倍阅书店成功举办。在主持人陈红简单的开场和游戏活动之后，同学们一起观看了电影《穿条纹睡衣的男孩》（图 4-18）。

图 4-18　观看电影《穿条纹睡衣的男孩》

观影结束后,在协会工作人员及指导老师的引导下,同学们围绕电影展开了积极交流。在讨论中,同学们表示有以下收获:电影从一个孩子的角度来解读那段黑暗的年代,孩子的纯真与现实社会残酷的对比,具有强烈讽刺意味;电影最后,微光中那紧闭的铁门以及遍地的条纹睡衣,未显示残酷血腥的结局,却发人深思。

这次活动,也让同学们意识到,观看电影并不应仅仅停留在对剧情和问题本身的思考上,还要思考问题与现象发生的根本原因,透过电影来体悟社会和人生,以小观大;同时观影是对自我的输入,要有自己的独立思考,积极向外输出,这样才会有更多的沉淀与收获。

活动结束前,指导老师茹丽君对在本次活动中积极发言并真实展现自我、为大家带来启发与深思的同学,赠送了图书《穿条纹衣服的男孩》,鼓励大家观影亦读书,深度理解本部"书+影"背后的苦难人类历史,提高学生的人文素养。

八、2021 年湖北科技学院"微情书"征文比赛

2021 年 12 月 31 日,悦阅求索协会"微情书"征文活动圆满结束。

11月，活动面向全校开始宣传，同学们都积极参与，自由抒发情感，至活动结束时，共有240位同学提交了作品。

组织征文活动旨在提高同学们的情感表达能力，释放大学生的情绪和压力，激发他们以文抒情的创作乐趣，同时丰富其课余文化生活，增强校内文学氛围。在征文中，大家一起欣赏到了同学们细腻的笔触，感受到了同学们面对困难时的不屈与向上，也体会到了字里行间流露的文字的温度。

生活不是只有过去的情感，还有更加美好的明天，人们当以更加热情的求知态度，面对未来！

第六节　悦阅而求索，星星之火可燎原

一、第11届校园读书文化节序幕暨第5期悦阅会活动

深入推进全民阅读是传承文明、培根铸魂、提高国民素质的重要途径，是加强社会主义精神文明建设、促进社会进步的内驱引擎。自2014年全民阅读第一次写入政府工作报告以后，以习近平同志为核心的党中央高度重视全民阅读工作，已从"倡导全民阅读"发展至2022年政府工作报告的"深入推进全民阅读"，全民阅读的深度和广度在不断延伸。

图书馆作为开展全民阅读工作的重要阵地，在推动全民阅读的过程中承担着重要的角色和任务。在第27个"世界读书日"到来之际，湖北科技学院图书馆积极启动了第11届校园读书文化节。

2022年3月26日晚上9点，湖北科技学院第5期悦阅会在图书馆四楼特藏阅览室圆满结束。来自不同院系不同专业的同学积极参与，分享了自己的读书经验。电信学院党委副书记胡正龙博士，图书馆馆长陈红勤博士作为特邀嘉宾，对本次读书会进行了指导。

本期读书会的主题是"阅科幻，观未来"。本期主题发起人——悦阅求索协会副会长、2021级医学部万玄同学，给大家介绍了科幻的背景知识及不同定义，并分享了他所喜爱的科幻作家丹·布朗（Dan Brown）及作品《本源》的独特之处。在座同学们也热情地分享了各自喜爱的科幻文学作品和影视作品。大家从科幻出发，围绕"人类的起源""人类的未来""宗教与科学的冲突""科技发展的底层逻辑"等问题开始了激烈的思维碰撞。

特邀嘉宾胡正龙博士饶有兴趣地听取了同学们的观点和想法，并以同学们熟知的中国科幻作家刘慈欣的文学作品《三体》中的纳米材料为例，详细介绍了当今科技的前沿发展情况，帮助大家认识科幻与现实科技之间的关系和距离。现场同学们踊跃提问，胡博士旁征博引、信手拈来，并从材料学、物理学角度，为大家深入浅出地答疑解惑。最终大家都受益匪浅。

图书馆馆长陈红勤提出，科幻，即科学的幻想，即根据有限的科学假设，在不与人类最大的可知信息量冲突的前提下，虚构可能发生的事件。馆长认为，科幻是基于现阶段的科学水平对未来进行的畅想，是一部未来发展史，科幻离人们并不遥远，同学们应从自己的专业出发，大胆想象科学求证，一起推动科技发展，造福社会。

最后，协会指导老师茹丽君，向大家发出"悦阅主讲人"的招募邀请，希望以协会"微讲坛"为平台，给同学们提供读书学习、交流探讨或风采展示的平台。此项招募得到了在座同学们的热烈回应。

相信，在全民阅读的文化浪潮下，在世界读书日的召唤下，"悦阅求索"将"以文化人"，影响和带动更多学子养成终身阅读、上下求索的好习惯，成为揽月湖畔一道独具特色的文化风景。

二、悦阅求索协会第六期活动

4月9日晚，悦阅求索协会第6期活动在学校图书馆四楼会议室成功举办。本期主讲人是 2021 级临床药学专业的王佳雪同学。

主讲人先通过将游戏与诗词朗诵结合的方式，带动现场同学们逐步了解故事轮廓。随后大家一起观看了电影《时空恋旅人》。

观影结束后，在主讲人和指导老师的带领下，同学们围绕电影从不同角度积极展开了讨论。现场出现了部分有趣的观点，例如，穿越时空的神奇能力并非人人都愿意拥有，有人愿意利用它去尝试许多未尝试过的选择，也有人拒绝它，和过去勇敢说再见，认真过好当下。又如，在不同年龄段，人们所在乎的东西是不一样的，但每个年龄段，都值得认真度过。人一生最后都是尘归尘，土归土，但最宝贵的是鲜活的生命，是认真地活在当下。毕竟，有趣的灵魂总是万里挑一。只要愿意敞开心扉，真爱总是会被捕捉到的，不论它在哪一个时空。

活动结束，协会会长曹阳丽娜向积极参与探讨的同学赠书以示奖励，并希望在碎片化信息泛滥的时代，能有更多的伙伴放下手机，静静品味书中的精彩世界。每一部电影都是一本厚重的书，都在为人们揭示人性的美妙与独特，都有不可估量的、自我反省与深思的价值。

三、第 7 期"推理"主题悦阅读书会

2022 年 4 月 23 日，人们迎来了第二十七个"世界读书日"！

当天下午 6 点，第 11 届校园读书文化节系列活动之悦阅求索协会第 7 期读书会在图书馆四楼会议室如期举行。活动特别邀请教育学院心理团队负责人张碧云老师作为嘉宾对活动进行指导。

本期读书会主题为"头脑风暴/推理"，发起人为来自 2021 级口腔与眼视光医学专业的胡驰同学。她用一个悬疑小故事，让大家现场大开脑洞，并自然地过渡到活动主题——推理上，接着，她开始分享自己喜爱的推理作家——东野圭吾及其作品《白夜行》和《幻夜》。

胡驰同学为大家介绍了作家的作品风格，并就所选择的两部作品，为大家梳理了小说人物成长经历及故事梗概，并提出一系列问题，带领

大家从推理出发，走向了更深层次的探讨。现场气氛热烈，同学们踊跃发言，并结合了自己的成长经历大胆敞开心扉，分享了成长过程中或重要，或美好，或难过的片段和感悟。

张碧云老师在认真听取了大家的发言后，结合作品故事，从心理学角度深入浅出地为大家讲解了人对安全感和亲密关系中无条件接纳的爱的需求，帮助大家认识到了人格形成的重要因素，带领同学们认识了人性，引导同学们从深处思索自己的需求，并对自己的人生做出定义或规划。

随后，来自 2021 级口腔与眼视光医学专业的何家俊同学，和大家分享了《无人生还》这部悬疑作品，并就"什么是恶？什么是善？"向在场老师和同学们提出了自己的问题。

在交流中，张老师用不评判的视角，细致分析了故事中主人翁在不同人生阶段所做出的行为的可能原因。每个行为背后都有一个内在的需求，只有了解人性，才能理解行为背后的动机，这可能才是悬疑推理类作品最吸引人的地方。

活动最后，协会指导老师茹丽君向大家倡议：读书不应只在读书日，阅读应是每日的习惯。图书馆不仅可以提供丰富的藏书，还有强大的阅读氛围。腹有诗书气自华，若想成为自己想要成为的人，那就多来图书馆吧。

四、第 8 期悦阅读书会

2022 年 5 月 21 日，同学们在用数字表达爱的日子里，聚在一起品味了明清古人的爱的语言。

当天下午 6 点，第 11 届校园读书文化节系列活动、悦阅求索协会第 8 期读书会在图书馆四楼会议室如期举行。活动特别邀请人文学院朱志先教授作为特邀嘉宾，对本次活动进行指导。

本期读书会主题为"散文：浮生六记"，发起人为来自 2021 级预防医学专业的饶安琪同学。

五、第 9 期读书分享会

2022 年 9 月 30 日晚上 7 点，悦阅求索协会第 9 期读书分享会在图书馆四楼会议室如期召开。活动特邀人文与传媒学院副教授李继伟老师，作为本次活动的领讲人，对本次活动进行指导。

本期活动以"阅读金陵十二钗，品味多种不同的人生——你眼中的红楼又副册"为主题，主讲人为 2021 级临床医学专业的龚一龙同学。

活动开始前，悦阅求索协会会长曹阳丽娜同学，先向社团新成员简要介绍了本协会，同时回顾往期内容，引出本次活动的主题。

接着，主讲人龚一龙同学向在座同学们详细介绍了《红楼梦》又副册中的人物。围绕主题，来自 2022 级临床本科一班的李家欢同学、2022 级地理科学的涂林军同学，分别对自己喜欢的人物（袭人、晴雯）及其判词，结合自己的感受和理解做了分享。咸安校区 2022 级外国语学院的田雨晴同学，以腾讯会议的方式连线读书会现场，对自己选定的人物鸳鸯，从自己的视角进行了解读分享。

协会指导老师茹丽君，向在场同学提问互动，同学们在思辨中加深了对人物的认识。

在现场的共探环节，嘉宾李老师介绍了《红楼梦》的写作背景，结合书中的人物演变，带领同学们看到红楼梦背后所预示的家族文化的落败，封建王朝的必然毁灭。这种文学创作思想打破了古代文学与现代文学的壁垒，是超前的，也是有深刻意义的。李老师还对当时的封建社会大家族中各色人等的性格、命运等细节娓娓道来，总结出"情是空"的虚无性与悲剧性，将探讨提升到了更高的哲学层面。

同时，李老师介绍了《红楼梦》中的女性形象，认为《红楼梦》是一部女性百科全书，远超其他文学作品，现实中的女性都可以在红楼中找到自己的影子，并鼓励同学们以人为镜，"世事洞明皆学问，人情练达即文章"，以此指引自己扬长避短地经营自己的人生。

活动最后,协会会长曹阳丽娜向现场积极表达的同学赠送了精美图书,并预告了下期活动的内容。最后,会长祝福同学们能享受文字的美,品味语言的滋味,触摸语句的温度,感受书本的芳香,祝同学们在书的陪伴下快乐地度过每一天。

围绕活动主题,2021级口腔医学专业的覃晓露同学,上台分享了她喜欢的书——明末清初诗人冒襄的《影梅庵忆语》,冒襄在书中回忆了他与出生虽卑贱但知书达礼、深明大义、有才能、有胆量、有志向的奇女子董小宛之间颠沛流离、缠绵悱恻的爱情故事,在讲述中将大家带入了那个动荡不安,却又不得不奋力挣扎的年代。小婉"……苟非金石,鲜不销亡。异日幸生还,当与君敝屣万有,逍遥物外。慎毋忘此际此语"之言,着实让人看到了这位古代女性的情深义重,实乃千古绝唱。

随后,一身汉服装扮的主讲人饶安琪同学,为大家介绍了散文的定义、散文的特点和历史名家对沈复散文《浮生六记》的点评,接着从三个方面带领大家细品《浮生六记》之美。

情之所钟,沈复眼里的芸娘之可爱,如"芸于破笥烂卷中,偶获片纸可观者,如得异宝"。

闲情偶寄之生活乐趣,如"夏蚊成雷,私拟作群鹤舞空,心之所向,则或千或百,果然鹤也。昂首观之,项为之强。又留蚊于素帐中,徐喷以烟,使其冲烟飞鸣,作青云白鹤观,果如鹤唳云端,怡然称快"。

沈复笔下的美景,如"旭日将升,朝霞映于柳外,尽态极妍。白莲香里,清风徐来,令人心骨皆清"。安琪同学特别为大家分享了几乎像是从古文里化成的校园美景图。

第三位分享人是协会会长曹阳丽娜,她为大家分享了第三部明清散文《陶庵梦忆》,和当代作家史铁生的《我与地坛》。古今文化的情感碰撞,引发了同学们的无数感慨。同学们纷纷分享了自己对史铁生的印象。

在交流探讨阶段，朱志先教授围绕明清文学的特点，以上述3本自传体散文小说为例，为大家旁征博引地介绍了在文字狱背景下，明清时盛产自传、鬼怪小说的文化特点及相关经典作品。他认为，品鉴历史人物，一定要回到当时的时代环境和文化语系中去，从当时儒家价值观看，董小宛和芸娘，都是在宗法制度下，身体力行地做到了极致，又能超越时代束缚、有自己独特思想魅力的卓越女性。朱教授的点拨引起了在座同学的共鸣。

朱教授还就同学们的提问，结合自己的治学研究，解答了历史与历史学的区别：历史是指过去的人、事、物；而历史学是尝试对过去进行还原和解读，但历史永远不可能被真正全面彻底地解读，所有的过去都蕴含着可见和不可见的信息，今人只能对不可逆的历史做到尽量认识，尽量理解而已，这也是学术研究的乐趣。

对是否能"以史知未来"的疑惑，朱老师举了对咸宁地方志中历史记载的山洪研究的例子。学者们从中发现了咸宁地域特点及雨水山洪集中出现的时令规律，这对咸宁河道治理、政府规划起到了积极影响。朱老师还谈及国内外史料研究促进法律法规的完善的实例，论证了历史研究的学科价值，更鼓励同学们学习既要精，亦要广，以人文的博雅之识助力科学的严谨研究，必将学有所成。

同学们在与朱教授的交流中受益匪浅。

六、湖北科技学院第12届校园读书文化节活动

（一）湖北科技学院第12届校园读书文化节活动方案

1. 指导思想

为深入学习贯彻习近平新时代中国特色社会主义思想，落实习近平总书记首届全民阅读大会贺信精神，响应党的二十大对"提高全社会文

明程度"的号召,营造浓郁的人文与科学氛围,激发学生的读书求知热情,在第二届全民阅读大会和第 28 个"世界读书日"到来之际,以"书香校园建设"助力构建书香中国,校党委宣传部、团委、图书馆联合组织开展了第 12 届湖北科技学院校园读书文化节。

2. 活动主题

学习二十大,阅享新时代。

3. 活动时间

2023 年 3 月—12 月。

4. 活动对象

全体师生。

5. 组织领导

为组织推进活动开展,确保活动取得成效,成立校园读书文化节领导小组。

组长为闫英姿、吴基良。
副组长为钟儒刚、戴国强、李志雄。
成员单位:校党委宣传部、团委、图书馆。
领导小组办公室设在图书馆,办公室主任为聂应高。

6. 主要活动

读书文化节包括 30 项子活动,从 2023 年 3 月至 12 月陆续开展。

7. 任务分工

活动由校党委宣传部、团委、图书馆联合主办,各有关职能部门和学院，图书馆各部室，团委，以及各学生社团承办。主办单位任务分工如下。

1）党委宣传部

全面负责读书文化节宣传工作，做好活动的组织与动员工作。具体如下。

（1）活动的指导与策划。

（2）活动氛围的营造、校内的宣传报道与校外的宣传。

2）校团委

负责组织学生参与相关活动并进行第二课堂学分认定。具体工作如下。

（1）参加读书节各项活动的组织发动。

（2）提供开幕式颁奖礼仪培训和负责人员。

（3）将学生参与活动及获奖情况计入第二课堂学分，并作为团委所负责的评先评优活动的参考。

3）图书馆

负责活动总体方案、子方案的起草，以及活动的组织与安排。具体工作如下。

（1）制订活动及预算方案。

（2）牵头负责开幕式的组织与现场布置。

（3）协调校内外各相关部门。

（4）负责活动获奖者荣誉证书的制作（由校党委宣传部、团委、图书馆三家盖章）及奖品的准备。

8.湖北科技学院第12届"校园读书文化节"活动安排

湖北科技学院第12届"校园读书文化节"活动安排，如表4-7所示。

表 4-7 湖北科技学院第 12 届"校园读书文化节"活动安排

序号	活动名称	活动内容	活动地点	时间安排	主办单位	图书馆责任部室
1	开幕式	第一阶段：领导致辞、书记领读、满天星计划优秀学生代表发言、活动主题曲合唱、颁奖等；	图书馆一楼报告厅	4月27日	党委宣传部、团委、图书馆	办公室
		第二阶段：参观展览。包括图书漂流区参观、精品图书展销、顶级期刊论文展示、学生书画作品展览、读书心得分享等	图书馆二楼大厅			
2	习近平总书记论阅读	在图书馆大厅显要位置展示习近平总书记关于阅读的重要指示精神	图书馆内	4月	图书馆	办公室
3	有奖知识竞答	以竞答形式向读者宣传介绍图书馆的资源和服务	图书馆内	开幕式当天	图书馆	办公室
4	习近平读书心得分享	将习近平读书心得制成展板，向读者分享	图书馆内	4月—5月	图书馆	办公室
5	近 5 年顶级期刊论文展览	展出近 5 年来师生在顶级学术期刊上发表的论文，展示学校在各个学科领域的研究成果，推动学校学术发展，鼓励学生积极参与学术研究	图书馆内	4月—5月	图书馆、科发院以及各学院	技术部
6	2023 纬度积分挑战赛	提高读者的科研信息素养与能力，培养大学生良好的科研习惯，使其可以轻松获取学术资源，高效助力学术科研；宣传（SIPS）纬度学术资源在线	图书馆微信公众号	3月7日—4月25日	图书馆	技术部
7	"提升信息素养，赋能科研学习"万方数据系列公开课	提升读者信息素养，赋能科研学习；宣传万方数据知识服务平台	图书馆公众号、哔哩哔哩动画平台	3月13日—4月20日	图书馆	技术部

续 表

序号	活动名称	活动内容	活动地点	时间安排	主办单位	图书馆责任部室
8	第六届"知海寻宝"线上知识竞赛	引导和鼓励读者与书为友，提高综合素质，营造浓郁的书香氛围，让更多的人漫步于实体图书馆，畅游于数字图书馆之中；宣传中国知网数据库资源	图书馆微信公众号等线上平台	3月20日—5月10日	图书馆	技术部
9	维普"一年一度读书月"系列活动（含第四届"朗润杯"课程笔记大赛）	课程笔记大赛，营造书香校园；宣传重庆维普数据库资源	图书馆微信公众号等线上平台	3月20日—4月30日	图书馆	技术部
10	森途杯简历大赛	简历大赛；宣传森途学院数据库资源	图书馆微信公众号等线上平台	4月18日—6月18日	图书馆	技术部
11	第二届超星移动图书馆摄影大赛	展现"我与图书馆"的美好瞬间，用镜头讲述与图书馆的故事，珍惜在图书馆读书的时光，诠释与图书馆的情谊；宣传超星学习通资源	图书馆微信公众号、学习通等线上平台	4月10日—5月25日	图书馆	技术部
12	第四届湖北省高校书评影评大赛	面向全校征集书评影评	各院部	4月5日—5月31日	图书馆	参考咨询部
13	数字资源利用讲座	针对研究生及医药卫生专业院部教师，举办线下讲座	院部会议室、研究生教室	4月2日—6月30日	图书馆	技术部、参考咨询部
14	第五届湖北高校图书馆"馆员风采"大赛	馆员参与线下征文、线上答题、素养展示活动等，促进馆员自我学习与提升	图书馆内	4月—10月	图书馆	参考咨询部

续　表

序号	活动名称	活动内容	活动地点	时间安排	主办单位	图书馆责任部室
15	小YUE老师公益行动	带领学生开展公益课堂，服务社会实践促成长	市图书馆	4月—12月	党委宣传部、团委、图书馆、市图书馆	参考咨询部
16	我是湖科讲书人	好书推荐分享	全校区	4月—6月	党委宣传部、团委、图书馆	参考咨询部
17	读书会	《红与黑》、喜剧主题分享会	图书馆内	4月—12月	团委、图书馆	参考咨询部
18	好书交换集市	师生交换好书	图书馆内	5月	团委、图书馆	参考咨询部、流通部
19	云上图书馆	校园广播有声阅读	广播台	4月—12月	党委宣传部、团委、图书馆	参考咨询部
20	书香大使	寒暑假反哺家乡传播书香	学生家乡	7月—8月	党委宣传部、团委、图书馆	参考咨询部
21	读者之星评选	依据系统统计的读者图书借阅量排名，评出10名"读者之星"	流通部	2022年4月—2023年4月	图书馆	流通部
22	睡书醒了	推荐不常借图书展示外借，唤醒沉睡的经典	社科外借自科外借	全年	图书馆	流通部
23	湖科讲书人推荐书目展	集中展示"湖科讲书人"推荐书目供读者借阅	社科外借自科外借	全年	图书馆	流通部
24	光辉二十大，叙中华文化"英语配音大赛	将二十大和中华文化等元素以英语、配音为媒介有机结合起来，用英文讲述中国故事	图书馆内	4月—6月	图书馆	阅览部

续 表

序号	活动名称	活动内容	活动地点	时间安排	主办单位	图书馆责任部室
25	好书推荐	设置三个展区，A 展区为新接收新书的展示区；B 展区为习近平总书记著述及党史类图书展示；C 展区为好书分类推荐，并分为 4 个栏目：茅盾文学奖作品精选、诺贝尔文学奖作品精选、个人成长精选书单、豆瓣读书 Top 250 作品精选	图书馆社会科学图书阅览室	4月开始	图书馆	阅览部
26	找书寻宝	针对学生馆员及志愿者进行图书馆业务知识培训，使其熟悉图书馆所使用的中图法排架	图书馆社会科学图书阅览室	4月	图书馆	阅览部
27	学生书画展	学生主题书法绘画作品征集与展览	图书馆内	4月	团委（书画协会）、图书馆	资源建设部
28	图书展销	市新华书店进校开展精品图书展销	校园	4月	图书馆	资源建设部
29	捐建乡村书屋	向冷水坪红色书屋捐赠第二批 1 000 册图书；捐建马桥镇高塞村王家畈乡村书屋	冷水坪、高塞村	4月、6月	图书馆	资源建设部
30	爱读书的孩子	外国语学院小学部学生参观图书馆，介绍馆藏，向小学生宣传阅读的乐趣	图书馆内	4月	图书馆	阅览部

（二）湖北科技学院第 12 届校园读书文化节活动过程

春读书，兴味长，笔花香。春天正是读书天，最是书香能致远。校园里弥漫着浓厚的阅读氛围。2023 年 4 月 27 日上午，由校党委宣传部、团委、图书馆联合主办的湖北科技学院第十二届校园读书文化节拉开了帷幕。图书馆一楼学术报告厅内热闹非凡。二楼大厅内书画展、知识问答等系列活动开展得如火如荼（图4-19—图4-25）。

1. 活动开幕式：学习二十大 阅享新时代

吴基良鼓励大家：以书为友，与知识同行，为学习起航；以圣贤为师，与经典同行，为人生奠基。并向全校师生提出了三点期望。

一要经常读书，把读书学习作为一种生活习惯，作为一种生活方式，作为人生成长的必修课，"一个人的阅读史就是他的精神发育史"，"粗缯（zēng）大布裹生涯，腹有诗书气自华"。

二要读好书，获取成长营养。向上之书，开卷有益。要多读名家名人的名作名篇，多读健康高雅之书，多读专业书籍，汲取人生成功的不竭动力。

三要学以致用，立志成才。悠悠书香，点点墨趣，书传真知，笔墨传神。好读书、读好书、读书好，要在读书中慢慢活成一本书，活成一本自内向外散发着灵魂芬芳的书，活成一本丰盈厚重韵味悠长的大书。要让浓郁的书香充盈着校园的每一个角落，让师生共同读书成为校园一道永恒而亮丽的风景线，让读书成就自己美丽的湖科人生。

图4-19 校领导为湖科借阅之星颁奖

第四章　高校图书馆全民阅读推广的实践——以湖北科技学院图书馆为例

图 4-20　校领导为满天星计划首届"书香大使"颁奖

图 4-21　校领导为馆员风采大赛获奖人员颁奖

图 4-22　湖科满天星计划优秀学生代表发言

图 4-23　集体合唱《满天星点亮》

咸宁市泉都学校小学学生、湖北科技学院大学生和图书馆馆员，集体合唱湖科全民阅读主题曲《满天星点亮》。

第四章　高校图书馆全民阅读推广的实践——以湖北科技学院图书馆为例

图 4-24　闫英姿带领师生诵读

校党委书记闫英姿带领六十余名师生代表声情并茂地诵读了王蒙的小说《青春万岁》的序诗，掀起当日活动的高潮。

图 4-25　校领导上台与演员合影留念

2. 系列子活动：书香浸润 精彩纷呈

（1）习近平读书心得分享展区

该展区中"为何读书""怎么读书""读什么书"栏目引领了众多读者在读书中感知学习的快乐，不断提升阅读品味，多读书、善读书、读好书（图4-26）。

图4-26 习近平读书心得分享

（2）"我和我的图书馆"知识问答活动

热爱读书的学子们在活动中感受到了答题的快乐，在一问一答中放飞了思绪，在游戏中感受到了知识的魅力（图4-27）。

第四章 高校图书馆全民阅读推广的实践——以湖北科技学院图书馆为例

图 4-27 知识问答活动留影

（3）湖北科技学院 SCI1 区成果展示

在当前科学技术不断创新发展的时代，进行学术研究不仅是为了提高学术水平和影响力，更是为了推动社会的进步。因此，本次活动展示了近 5 年来本校在 SCI1 区期刊上发表的论文，展示了学校在各个学科领域的研究成果，这一举措推动了学校在学术领域的发展，鼓舞了师生积极参与学术研究的热情（图 4-28）。

图 4-28 湖北科技学院 SCI1 区成果展示（2018—2022 年）

（4）湖北科技学院 ESI 学科发展状况展示

ESI 学科指基于 ESI（Essential Science Indicator，一个文献评价分析工具，用于衡量科学研究绩效和影响力）而排名的学科领域。这一活动让师生读者了解到了湖北科技学院 ESI 学科的发展现状，展示了学校优势学科（临床医学、药理学与毒理学、化学、工程学）的发展趋势，为学校决策、科研支撑、信息素养教育、科技成果转化等提供了智力等价值资源，全景式地展现出了图书馆的服务创新特色（图 4-29）。

图 4-29 湖北科技学院 ESI 学科发展状况展示

（5）"赋能数字资源，提升综合素养"数字资源推广活动

作为湖北科技学院第十二届校园读书文化节活动中的一项重要内容，本活动邀请了中国知网、超星数字图书馆等 15 家数据库商，为读者搭建了零距离体验数据库的使用咨询平台，让读者更为直观地了解到了学校图书馆数据库资源的建设情况，助力发挥数据库资源的价值，进一步增进了读者对数据库资源的了解和利用，激发了读者对数据库资源的兴趣。图书馆也将以此为契机，立足自身优势，更好地助力教学、科研（图 4-30、图 4-31）。

第四章　高校图书馆全民阅读推广的实践——以湖北科技学院图书馆为例

图 4-30　数据库商答疑解惑

图 4-31　"赋能数字资源，提升综合素养"数字资源推广活动

（6）全民阅读推广活动

全民阅读推广项目展板如图 4-32 所示。

图 4-32　全民阅读推广项目

（7）书法展示

笔韵书香墨染诗情。晨朋昏伴，腹有诗书气自华；丹青翰墨，最是书香能致远。书法展示活动现场，如图 4-33 所示。

图 4-33　书法展示区

（8）读者留言

分享读书心得，实现心与心的碰撞。读书留言区如图4-34所示。

图4-34　读书留言区

（9）好书推荐

好书推荐设置了三个展区，A展区为新接收图书；B展区为习近平总书记著述及党史类图书；C展区为好书分类推荐，并分为4个栏目——茅盾文学奖作品精选、诺贝尔文学奖作品精选、个人成长精选书单、豆瓣读书Top250作品精选（图4-35、图4-36）。

图 4-35　好书推荐区

图 4-36　好书推荐区

七、湖北科技学院"满天星计划"行动

"回顾这一段时间的心路历程,有惊喜也有不安。不安的是总感觉一个人的力量太小了好像什么也做不了,不知道能不能给他们带来一些有用的东西;怕做了没有回报;但等到真正去做时才发现,一切的担忧都只是假象,什么都没做才最让人不安。"这番质朴的话,来自湖北科技学院"满天星计划"助人为乐项目组的陈梦同学。

2022年12月,湖北科技学院为积极响应党的二十大关于"提高全社会文明程度"的号召,引领学生在实践中增强社会使命感和责任感,发起了"满天星计划",招募学生志愿者担任书香大使,指导同学们利用返乡之际开展阅读推广,反哺家乡,回馈社会(图4-37)。

湖科学子敢想敢为又善战善成,最终,60名书香大使不忘初心,克服重重挑战,携书走近留守儿童,走进了乡村小学与幼儿园,融入了乡镇社区和地方公益组织,参与了公共图书馆服务,用爱点亮了湖北、湖南、河南、贵州、山西、江西、重庆等7个省市,温暖照耀了600余名青少年儿童,甚至带动了身边的父母长辈与乡邻,拿起书来,聆听经典。

图4-37 书香大使在社区为孩子们分享绘本

八、关注留守儿童——让阅读成为孩子们的启明星

书香大使以书为媒,结合自己的专业所长、兴趣爱好,根据不同群体的需求,开展了读书会、阅读指导、主题课堂、手工创作、情景戏剧等内容丰富、形式多样的阅读推广活动。最终在一场场活动的顺利完成中,他们的个人综合能力得到了全面锻炼和提高,而来自大小读者们的真诚反馈,也是对他们无私付出的最佳认可和精神滋养。

来自湖北麻城的丁佳慧同学,与湖北科技学院的另外4名同学组建了"阅而有味读书会",他们积极融入麻城市公益组织——青力缔造服务队,在春节期间一起走进了麻城市三河口镇碧枫冲村委会的留守儿童之家(图4-38)。书香大使们围绕《元宵节》绘本为孩子们送来了一场传统文化的知识之旅,并带领孩子们猜灯谜、做花灯。温暖又充满活力的陪伴,像彗星一样划过,照亮了孩子们的心灵。一位先天性孤独症的孩子在临别前给了书香大使一个温暖的拥抱。

图4-38 书香大使在"留守儿童之家"为孩子们分享绘本

第四章 高校图书馆全民阅读推广的实践——以湖北科技学院图书馆为例

"新星"组方丽莎同学，将推广阵地从城市换到农村留守儿童。她总结道："这是值得庆幸的，因为在这之后我才明白了这些孩子们是多渴望读书，多热爱读书。与城镇中的孩子们不一样的是，他们都有一颗想走出去的心……我希望每年都可以有时间将这些孩子召集起来，进行有意义的分享与谈心。"大年初一，丽莎收到了一位小朋友的手写信。

"小星星"组的赵认茹同学，利用假期打寒假工的空余时间，为深圳市石凹社区的小朋友送去了读书分享活动；返回家乡河南平顶山后，赵认茹同学又邀请儿时伙伴一起走进村小学，给乡村孩子们分享了为什么读书，如何读书，读好书的感受。赵认茹同学在活动中也分享了自己打寒假工的经历和收获，让书香成为孩子们看向新世界的启明星。

九、上演围炉夜话——用星星之火点燃书香燎原之势

湖南省益阳的段诗涵同学，虽然只是一个人但也是一支队伍。她给自己取名为"知识改变命运"组。她回到乡下老家，考虑到村中留守老人常年无人陪伴，又都年事已高，知识水平有限又视力下降，于是组织村里老人，教他们使用微信发消息，向他们介绍并教他们下载、使用听书软件，老人们觉得十分有趣和新奇，最后都能够自己操作选择喜欢的书享受听书的乐趣，晚年不再寂寞无味。她以自己敏锐的观察、开放的思维，关注弱势群体，开辟了一条体贴入微的阅读推广新路径，在乡村振兴之路上，成为老人们眼里的长庚星，让老人们哪怕历尽岁月沧桑，仍能有书香润泽心田。

还有一些同学，利用春节团圆之际，和家人邻居齐聚一堂，围炉共读；也有同学在除夕夜，邀请亲朋好友一起以知识抢答和情景戏剧的方式辞旧迎新展未来；还有同学和家人一起参与每日阅读及分享打卡活动，并邀请朋友家庭组队，共同进步。书香大使让亲情通过书籍开始流动，家人一起探讨书中的知识和乐趣，留下了珍贵的亲子时光。用书香浸润家庭，让书香大使也成了父母兄弟姐妹心中最可爱的文曲星。

· 167 ·

十、联动志愿行动——用青春力量引发"爱的蝴蝶效应"

来自贵州锦屏县山区的杨彩同学，邀请来自贵州大学和贵州民族大学的儿时伙伴，一起组建了"守云见月"团队。他们在村庄中宣传、召集适龄留守儿童，开展了读书会活动。

在湖科书香大使在家乡主动邀请中小学校友参与本次活动之后，共有贵州大学、贵州民族大学、陕西师范大学、洛阳理工大学、吉林化工学院、信阳农林学院、武汉交通职业学院、黄冈科技职业学院等9所高校的青年学子加入了满天星计划。

来自"爱洒星河，静待花开"项目组的陕西师范大学同学刘圆圆在结项书中写道："'教育的本质意味着一棵树摇动另一棵树，一朵云推动另一朵云，一个灵魂唤醒另一个灵魂。'我想阅读也是一样，通过阅读人们可以领略智者的思维，唤醒自己的灵魂，同时能够开阔我们的视野，开辟更加美好的世界。"

书香大使志愿者在活动期间一起用心感应时代脉搏，把对人类璀璨文明的敬仰与文化传承结合起来，群策群力共探方案，细致推敲优化教程。在爱与付出的高频共振中，他们跨越校际边界，用行动诠释了"奉献、友爱、互助、进步"的国际志愿者精神；他们牢记初心使命，厚植家国情怀，将青春活力融汇到了人类命运共同体之中，掀起了一场"爱的蝴蝶效应"。

2023年的冬天，湖科书香大使谨记习近平总书记对青年的寄语，主动躬身实践，既读有字之书，也在公益服务中体会叠加了人生经验和社会知识的无字之书，以实际行动推动了社会进步。

湖北科技学院党委书记闫英姿曾言："志愿服务是实现立德树人、实践育人的有效形式。"未来学校将进一步促进志愿服务与育人铸魂的全方位深度融合，脚踏实地落实"立足地方、服务地方"的办学特色，为乡村文化振兴添薪，为民族复兴铺路架桥，为祖国建设添砖加瓦。

第五章　高校图书馆全民阅读推广的策略与方法

第一节　提高对阅读推广工作的重视程度

随着信息时代的到来，阅读已经成为人们获取知识、开阔视野、提升素养的重要途径之一。高校图书馆作为高等教育机构中知识资源的主要承载者和管理者，肩负着全民阅读推广的重要责任。然而，当前一些高校图书馆在全民阅读推广方面的工作还存在一定的不足，对推广工作的重视程度不够，这影响了阅读文化的普及和读者阅读素养的提升。因此，本章就如何提高高校图书馆对全民阅读推广工作的重视程度进行了探讨，以期为相关工作提供参考和借鉴。

一、重视阅读推广

如何提高高校图书馆对阅读推广工作的重视程度呢？首先，明确宣传推广工作的重要性。高校图书馆应当通过各种渠道，如校园媒体、网络平台、宣传册等，向师生宣传全民阅读推广工作的重要性，强调阅读对个人成长和社会发展的重要作用，以引起师生的共鸣和关注。其次，制订明确的推广计划和目标。高校图书馆应当根据自身的实际情况，制订具体的全民阅读推广计划和目标，明确推广工作的方向和重点，为推广工作提供有效的组织和指导。再次，加强资源整合与合作。高校图书馆可以与校内外的相关部门和机构，如学生社团、教育机构、社会团体等开展合作，共同推进全民阅读推广工作，充分利用各方资源，提高推广工作的效果和影响力。最后，注重活动的多样性和趣味性。高校图书馆在推广工作中应当注重活动的多样性和趣味性，结合师生的兴趣和需求，开展丰富多彩的阅读活动，如读书分享会、作文比赛、阅读驿站等，吸引更多的师生参与其中。

高校图书馆还需要合理安排阅读推广人员。阅读推广的主要目标是鼓励和帮助更多的人进行阅读，并提升他们的知识和技能。阅读推广人员能帮助读者更有效地理解文本，从而提高其阅读效率。具体来说，阅读推广人员可以根据读者的兴趣和需求，为他们推荐适合的书或文章，让他们接触到自己领域之外的知识，开阔视野，提升知识水平；高校图书馆可以组织各种读书小组，如读书俱乐部、阅读小组等，鼓励读者分享和讨论阅读体验，深入理解书的内容，提高其阅读理解能力和批判性思维水平；高校图书馆可以为读者提供阅读指导，帮助他们掌握正确的阅读方法和技巧；高校图书馆可以开设培训课程，引导读者阅读和理解不同类型的文本，如小说、论文等；高校图书馆可以为读者提供各种资源支持，方便他们获取所需的书籍。

二、提高对阅读推广工作的重视程度需要多方联动

高校图书馆的阅读推广工作需要政府支持。政府应出台相关政策，鼓励和支持阅读推广工作。政府可以通过立法和财政拨款等方式，增加对图书馆的财力和智力资源的投入，优化图书馆的硬件设施，提高图书馆的服务水平。政府可以为图书馆提供必要的经费和资源支持，以保障图书馆的高效运转，提升其办馆实力和办馆水平，促进和保证全民阅读活动的开展。政府还应该为图书馆拨付专门用于图书馆开展全民阅读推广活动的阅读推广专项资金。

高校图书馆阅读推广工作需要教育引导。高校图书馆作为学术与文化的交汇点，承担着培养学生阅读习惯、提升学生信息素养和促进学生综合素质发展的重要任务。高校图书馆的阅读推广工作不仅仅是一项服务性工作，更是一项具有深远教育意义的工作。在这个过程中，教育引导起着至关重要的作用。教育引导能够帮助学生建立良好的阅读习惯。高校专业的图书馆工作人员进行适当的引导，可以帮助学生选择适合自己的读物，理解阅读的深层价值，从而培养他们的阅读兴趣，使他们能够自发地、持续地进行阅读。教育引导有助于提升学生的信息素养。在信息时代，从海量的信息中筛选出有价值的信息，是一项重要的能力。图书馆应该教会学生有效利用图书馆资源，提高他们检索、筛选和利用信息的能力。教育引导在实现高校图书馆的育人功能上发挥着关键作用。图书馆不仅是提供书籍的场所，更是提高学生综合素质的重要平台。图书馆应该将学生的阅读行为与其个人发展、专业学习和人文素养的提升相结合，以实现图书馆的育人目标。高校图书馆在阅读推广工作中需要充分发挥教育引导的作用，这不仅体现了高校图书馆的服务宗旨，还体现了其教育机构中不可或缺的一部分的性质。

高校图书馆阅读推广工作需要社会参与。高校图书馆不仅仅是一个学术资源中心，还是一个社区服务机构，其服务对象包括学生、教师、校友和社区居民。高校图书馆的阅读推广工作需要广泛的社会参与，以提高图书资源的利用率和便民服务水平。"阅读推广"顾名思义就是"推广阅读"，简言之就是社会组织或个人为促进人们阅读而开展的相关活动，也就是将有益于个人和社会的阅读活动推而广之；详言之就是社会组织或个人，为促进阅读这一人类独有的活动，采用相应的途径和方式，扩展阅读活动的存在范围，增强阅读的影响力度，使人们更有意愿、更有条件参与阅读这一文化活动。社会参与可以扩大阅读推广活动的覆盖面。高校图书馆的主要服务对象是本校学生和教师，但也有许多校友和社区居民来到图书馆进行阅读。在社会参与中，高校图书馆可以吸引更多的读者，提高图书资源利用率，社会参与可以提高阅读推广活动的多样性和活动效果。在与社会各界的合作中，高校图书馆能更好地了解社会的需求，不断完善自身的服务。

第二节　丰富高校图书馆阅读推广的内容

高校图书馆阅读推广是鼓励大学生多阅读和提升大学生阅读兴趣的重要途径，丰富高校图书馆阅读推广的内容对于提高大学生的综合素质和文化素养具有重要意义。

一、推广数字化阅读

数字化阅读已经成为高校图书馆阅读推广的重要方向。数字阅读是一种更加便捷的阅读形式，数字平台相当于一个无边无际的云上图书馆，读者在这里既能找到传统读物，也能邂逅网络文学。由于当代的年轻人对中国传统文化兴趣强烈，因此如何用更便捷的方式、更生动的形式呈现阅读内容也就变得十分重要。数字化阅读具有便利性、即时性和个性化等特点，能满足大学生对信息获取和知识学习的多样化需求。高校图书馆应该与出版社、数据库提供商等相关方合作，建设内容丰富、质量可靠的数字化资源库，如收录电子图书、电子期刊、数字化古籍等，以满足学科和兴趣爱好不同的读者的需求。高校图书馆推出在线阅读平台，可以方便读者随时随地获取所需的数字资源。

高校图书馆可以互通资源，共享数字阅读资源，扩大读者的选择范围，为读者提供更丰富的数字阅读服务。高校图书馆应该针对数字化阅读的特点和技巧，开展相关的培训和指导活动，包括教读者如何查找和获取数字资源、如何利用数字资源进行学习和研究等，以帮助读者更好地利用数字化阅读平台。高校图书馆还应建立专门的数字化阅读推广团队，负责策划和实施数字化阅读推广活动。团队成员需要具备推广数字化阅读所需的技能和知识，能够根据读者的需求和反馈，不断调整和完善推广活动的内容和形式。高校图书馆可以组织数字化阅读竞赛等各类活动来吸引更多的大学生参与。

二、提供阅读指导服务

高校图书馆应该提供针对经典著作的阅读指导服务，包括阅读技巧、方法和重点难点的指导。高校图书馆开设阅读课程、提供阅读咨询，可以帮助学生掌握阅读经典著作的技巧和方法，提高学生的阅读效率和质量。阅读指导服务可以帮助学生了解阅读的基本原理和方法，包括如何制订阅读计划、如何阅读不同类型的书籍、如何做笔记和总结等。普及基本的阅读技能和方法对于提高学生的阅读能力和素养非常重要。在学科交叉和知识融合的背景下，掌握基本的学科知识和学习方法对于提高学生的综合素质非常重要。图书馆提供的学科导览、学科咨询等服务，能够帮助学生了解各学科的基本知识和学习方法，引导学生参与阅读讨论、评价和反思等活动，提高学生的阅读素养。

高校图书馆阅读推广需要让阅读指导服务更加深入。高校图书馆要针对不同年级、专业和兴趣爱好的学生，提供适合他们的阅读资源和服务。高校图书馆应设立阅读咨询服务，为学生提供有关阅读材料选择、阅读方法等方面的指导。图书馆可以安排专业的馆员或教师担任阅读顾问，回答学生的问题并提供建议。高校图书馆开设的阅读技能培训课程的教学内容可以包括如何理解文献、如何做读书笔记、如何查找和鉴别资料等，掌握这些技能对于学生的阅读和学习非常重要，可以帮助他们提高阅读效率和阅读质量。高校图书馆可以根据学科分类建立导航库，提供相关学科的文献资源信息和阅读建议。高校图书馆可以定期发布阅读推荐书单。

三、开展独具特色的阅读推广活动

特色阅读推广活动可以吸引更多的读者参与阅读，提高他们的阅读兴趣和阅读量。图书馆可以针对不同受众的需要，选择不同的阅读材料。针对儿童开展活动时，图书馆可以选取绘本、童话等，针对成年人开展活动时，可以选取文学、历史、科普类读物等。开展特色阅读推广活动需要设计一些互动环节，让读者能够参与活动，增加活动的趣味性和互动性。特色阅读推广活动需要考虑到文化元素，如当地的历史、文化特点，以便为读者提供更加丰富的内容和服务。"读万卷书，行万里路"是明代书画家董其昌的经典名言。这句话强调了读书与实践的重要性，流传至今，依然具有重要意义。知行合一的重要性尽人皆知，阅读可以帮助人们将知识转化为智慧，将思考转化为思想，勉励人们将读书与实践相结合。

高校图书馆阅读推广活动还包括主题书展或读书交流活动。高校图书馆定期开展主题书展或读书交流活动时，可以围绕经典著作的主题或作者进行展示和交流，引导学生深入了解经典著作的相关信息和背景，促使学生理解和思考经典著作的内容。大学生在青少年时期要打好阅读基础，要阅读一些经典著作。有学者认为，纸质书阅读优于手机阅读，尤其是在阅读经典著作时。阅读经典古籍是了解和传承中国传统文化的重要途径，只有深入阅读、理解经典，才能真正感受到中国传统文化的博大精深，增强文化自信。高校图书馆可以建立经典著作收藏室，集中收藏和展示经典著作。这不仅可以方便学生查找和借阅经典著作，还能引导学生关注和了解经典著作的价值和意义。

四、打造舒适的阅读环境

高校图书馆应该打造舒适、温馨的阅读环境，为读者提供良好的硬件设施和周到的服务，以吸引更多的大学生参与阅读。一个好的阅读环境，可以帮助人们更好地沉浸在阅读的世界中。读者喜欢在安静、明亮的环境中阅读，这样可以让自己更加关注书中的内容。安静和明亮的环境对于阅读十分重要，这也是许多人打造舒适阅读环境的基本原则。高校图书馆应该提供宽敞明亮的阅览室，让学生可以舒适地阅读。阅览室应该有良好的采光和通风，同时配备舒适的座椅和书桌，让学生可以轻松愉悦地进行阅读。高校图书馆应该营造一个安静的阅读氛围，让学生可以专注于阅读，不被外界干扰，并采取限制手机使用、禁止大声喧哗等方式来保证阅览室的安静。

五、提供多样化的阅读资源，满足不同学生的阅读需求

图书馆需要设置一些特色区域，如多媒体阅览区、电子资源区等，为读者提供更为丰富的阅读资源和服务。阅读如同饮食，需要多样化，不同的书就像不同的食物，为人们提供着多种不同的营养，只有广泛涉猎，才能获得全面的知识。多样化的阅读资源可以让人们接触到不同的思想和观点，开阔人们的视野，提升人们的认知。

六、建立阅读推广品牌

建立阅读推广品牌对于高校图书馆来说是非常重要的。一个成功的阅读推广品牌可以提升图书馆的影响力和吸引力。在建立阅读推广品牌之前，高校图书馆需要明确品牌的定位和目标。品牌定位是指阅读推广活动在目标受众心目中的独特形象和认知，以及在市场中的竞争优势。这需要考虑到目标受众的需求、兴趣和偏好，以及与其他阅读推广活动的区别。温州市图书馆就有"名家讲座"这一阅读推广活动品牌，主打邀请各领域的专家学者进行分享和交流。书果星球这样的阅读加盟品牌，也借助了"红读计划""班班共读"等公益阅读活动，邀请名家走进校园，推广阅读，树立了品牌形象。这些活动都得到了名家的积极响应和支持，为阅读推广品牌的建立和发展做出了贡献。阅读推广还需要

明确目标，如提高人们的阅读兴趣、培养人们的阅读习惯、提高人们的阅读技能等。这些目标应该与品牌定位相一致，并能用具体的指标来衡量和评估其完成情况。品牌定位和目标的确定，让阅读推广活动能更加精准地吸引目标受众，提高阅读推广的效果和影响力。品牌是形象和质量的重要保障，也是读者选择参与活动的重要参考。

七、加大宣传力度

阅读是人类智慧的源泉，是文化传承的基石。图书馆应该利用各种渠道，加大阅读推广的宣传力度，让更多人了解阅读的价值和意义，培养人们的阅读习惯，提高人们的阅读能力。高校图书馆可以利用微博、微信、抖音等社交媒体平台发布阅读推广活动信息，通过与读者互动、分享阅读心得等方式，吸引更多的读者参与活动，让更多的人了解和关注活动；或者利用报纸、电视、广播等传统媒体发布阅读推广活动信息，让更多的读者了解到活动信息，利用传统媒体的权威性和影响力，提高阅读推广活动的公信力和号召力；还可以在社区、学校张贴宣传单、海报等纸质宣传品，利用纸质宣传品的视觉冲击力和感染力，提高阅读推广活动的吸引力和感召力，让更多的人了解和关注活动。

八、持续改进和创新

随着社会的发展和读者需求的变化，阅读推广活动也需要不断更新和改进，以适应时代需求和读者需求的变化。随着读者需求的变化和时代的发展，读者对阅读推广活动的内容和形式的要求也在不断提高。思路决定出路，方法决定效果，阅读推广活动需要不断创新思路和方法，为读者提供更加优质和便捷的服务。阅读推广活动需要利用大数据、人工智能等技术手段，提高阅读推广活动的推广精准度和个性化程度，利用虚拟现实、增强现实等技术手段，提高阅读推广活动的互动性和体验性。高校图书馆阅读推广需要持续改进和创新，以适应读者的需求和变化。高校图书馆应该不断尝试新的阅读推广方式，如组织读书分享会、作家讲座、阅读竞赛等，以吸引更多读者参与。同时，高校图书馆可以利用新技术和互联网资源，如微信公众号、社交媒体、在线平台等，开展线上阅读推广活动，扩大活动的覆盖面和影响力。

第三节　激发人们的阅读兴趣，培养阅读习惯

高校图书馆应该提供有趣的阅读内容，这样可以吸引更多的读者前来阅读。例如，采购一些热门小说和畅销书，如《哈利·波特》系列图书，《百年孤独》《追风筝的人》等，这些书不仅具有很高的文学价值，还能够吸引更多读者前来借阅。漫画和童书可以让读者在轻松愉悦的氛围中阅读，如《小王子》《历史上的今天》等。这些书既可以吸引年轻读者，也可以让成年人在阅读中放松心情。高校图书馆可以采购一些影视改编类书籍，如《平凡的世界》《白鹿原》《骆驼祥子》等，这些书既可以以影视作品形式吸引读者，也能让读者在阅读中了解影视片的原著。高校图书馆可以采购一些游记类书籍，如《中国古镇游》《孤独星球》等，这些书可以让读者了解中国的历史、文化和风景，也能激发读者的旅行热情。高校图书馆还可以采购一些自助类书籍，如《如何阅读一本书》《高效能人士的七个习惯》《思考，快与慢》等，这些书能帮助读者提高阅读和思考能力，也能让读者更好地了解自己和他人。高校图书馆应提供有趣的阅读内容，让更多的读者前来阅读，并应根据读者的反馈和需求，不断调整和优化阅读内容的种类和数量，以提高读者的阅读兴趣和阅读能力。

高校图书馆适合推荐的阅读材料有以下几类。经典文学作品，如《红楼梦》《水浒传》《西游记》等，这些作品具有很高的文学价值和思想深度，可以帮助读者提高阅读和写作能力。传记、日记和游记，这些

作品承载着历史文化的记忆，如《马可·波罗游记》记录了马可·波罗在中国的旅途见闻，包含了丰富的历史和地理知识，促进了东西方文化的交流，《乔布斯传》《林徽因传》等，可以帮助读者了解名人的生平和成就，激发读者的创造力和进取心。历史类书籍，如《史记》《中国通史》等，可以帮助读者了解中国历史和文化，提高历史素养。哲学类书籍，如《论语》《道德经》等，可以帮助读者了解中国哲学思想和文化精髓，提高思想境界和思考能力。心理学类书籍，如《心理学与生活》《乌合之众》等，可以帮助读者了解心理学知识，提高自我认知和人际交往能力。科普类书籍，如《物种起源》《人类简史》等，可以帮助读者了解自然世界和人类社会的奥秘，提高科学素养。专业技能类书籍，如计算机编程、市场营销等方面的书，这类书可以帮助读者掌握专业技能和知识，提高职业能力和竞争力。期刊和报纸可以给读者提供最新的时事动态和观点，帮助读者了解社会和政治情况，如《人民日报》《中国青年报》《南方周末》等。高校图书馆适合推荐的阅读材料是多元化的，涵盖文学、历史、哲学、心理学、科普、专业技能等多个领域，这样才能满足不同读者的需求和兴趣。

　　高校图书馆应多举办有趣的阅读活动，这能吸引更多读者的参与。图书馆可以定期举办读书分享会，邀请读者分享自己最喜欢的书、最喜欢的角色、认为最感人的情节等，让读者在分享中感受到阅读的乐趣。高校图书馆可以邀请专家学者或作家，就某一特定主题举办讲座，如中国传统文化、科幻文学、国际关系等，让读者更深入地了解相关知识。高校图书馆可以举办朗诵比赛，邀请读者朗诵自己喜欢的诗歌、散文或小说片段，让读者在朗诵中感受到语言的魅力和文学的美妙。高校图书馆可以举办知识竞赛，如历史知识竞赛、文学常识竞赛、科技创新竞赛等，让读者在竞赛中学习到更多的知识，增加阅读的趣味性。高校图书馆可以举办表演比赛，如戏剧表演、小说情节表演、诗歌朗诵比赛等，让读者在表演中展示自己的才艺和创造力。高校图书馆可以举办阅读征文比赛，邀请读者撰写读后感或评论，让读者在写作中表达自己的思考和感悟。高校图书馆还可以举办亲子阅读活动，邀请家长和孩子一起阅读、讨论和分享，让读者在增进亲子关系的同时培养阅读兴趣和习惯。总之，高校图书馆应根据读者的反馈和需求，不断调整和优化阅读活动的种类和数量，以提高读者的阅读兴趣和阅读能力。

高校图书馆应该创造良好的阅读环境，以吸引更多的读者前来阅读。图书馆应该提供舒适、宽敞的座位，让读者能够在舒适的环境中阅读。座位可以选择软垫、沙发或靠背椅。图书馆可以设立专门的阅读区，如安静阅读区、讨论阅读区或者多媒体阅读区等，以满足不同读者的需求。安静阅读区可以给读者提供更多的单人座位和私人空间，讨论阅读区可以给读者提供小组讨论桌和隔音设备，多媒体阅读区可以给读者提供多媒体设备和电子资源。高校图书馆应该控制室内光线，以保证读者能够在舒适的光线下阅读，注意选择柔和的灯光和自然光线，以提供舒适的阅读环境。高校图书馆应该保持室内清洁，为读者提供一个干净、整洁的阅读环境，应该定期清理书架、桌椅和地面等公共区域，并对图书和公共设施等进行消毒。高校图书馆还应该提供必要的技术设施，如计算机、打印机、复印机、扫描仪等，以方便读者查阅电子资源和获取纸质资料。高校图书馆应该提供无线网络和电源插座等，以满足读者的移动阅读需求。高校图书馆应设立服务台和咨询台，帮助读者解答疑问、解决问题和获取帮助，服务台要提供咨询、借阅、续借等服务，咨询台要提供学科咨询、学术指导等服务。

高校图书馆可以为读者提供个性化的图书推荐。读者在填写调查问卷、注册时留下的信息或借阅记录可以被收集起来。在分析读者的借阅历史、搜索记录和评分信息后，高校图书馆可以构建出读者画像，为每位读者提供量身定制的图书推荐。高校图书馆可以采用协同过滤、内容过滤等推荐算法，根据读者的历史数据和相似读者的行为，为读者推荐相关书籍。这些算法可以根据读者的兴趣和需求，自动筛选图书。高校图书馆可以与其他平台合作，如在线书店、书评网站等，共享数据和资源，以便为读者提供更精准的图书推荐服务。为了不断优化推荐系统，图书馆可以为读者提供反馈机制，让他们对推荐结果进行评价，高校图书馆再根据读者的反馈调整推荐策略，提高推荐的准确性。推荐系统的界面应该简洁明了，方便读者查看和选择推荐的图书。系统应该支持多种设备使用，如手机、平板和电脑等，以满足不同读者的需求。随着读者兴趣的变化和图书馆藏书的更新，推荐系统应定期重新计算推荐结果，以保持推荐的时效性和准确性。

高校图书馆工作人员可以帮助读者找到适合自己的阅读材料和方法，让读者在阅读中获得更多的收获和启发，激发他们的阅读兴趣。高校图书馆能在阅读推广活动中引导读者发掘自己的阅读兴趣。高校图书馆举办读书沙龙、作家见面会等活动，可以让读者有机会近距离接触优秀作家和作品，激发其对阅读的热爱。高校图书馆为读者提供阅读方法指导，可以帮助读者提高阅读效率和质量。高校图书馆开设阅读课程或讲座，可以指导读者如何选择合适的读物、如何进行深入阅读和理解等。高校图书馆作为多元文化的聚集地，可以为读者提供丰富的多元文化体验，推广不同国家和地区的优秀图书，让读者有机会接触和了解不同文化背景的知识和思想，开阔视野。高校图书馆可以引导读者进行深入思考，组织读书交流会、阅读分享会等活动，鼓励读者分享自己的阅读感悟和思考，激发读者的思维活力和创造力。高校图书馆可以引导读者关注社会现实问题，培养其社会责任感，推广与社会热点问题相关的图书，从而使读者树立正确的价值观和人生观。高校图书馆阅读推广具有重要的引导和启发作用，能帮助读者培养阅读兴趣。提高阅读能力和素质，开阔视野，增强社会责任感。

设立高校图书馆的主要目的是为师生提供所需的文献资源，包括图书、期刊、数字资源等，以支持他们的教学、学习和研究活动。随着时间的推移，新的文献资源会出现，原有的文献资源可能会过时或不再适用。在更新资源时，高校图书馆需要进行市场调研，了解用户需求。高校图书馆定期收集和分析用户反馈、进行市场调研并与其他图书馆进行交流，可以更好地了解用户的需求和偏好，并据此适时更新资源。除了更新文献资源，高校图书馆还需要不断改进其服务和设施，为用户提供更好的体验，这包括改进图书馆的布局、增加更多的阅读空间、更新计算机和网络设施等。

高校图书馆组织读者互动活动，如问答、讨论、投票等，可以增加读者的参与度，提高图书馆的影响力，也有助于培养读者的阅读习惯。高校图书馆建立读者互动平台，如社交媒体、在线论坛等，可以促进读者之间的交流和互动，让读者可以有分享自己阅读体验、评价、推荐的平台。高校图书馆可以利用这些平台了解读者的需求和反馈，从而更好地改进阅读推广活动。高校图书馆可以邀请读者参与策划阅读推广活动，提高读者的参与感和归属感，这也能提高阅读推广活动的针对性和吸引力。高校图书馆举办一些互动性强的展览和活动，如作者见面会、读书分享会、朗读比赛等，可以让读者与作者进行交流、分享阅读感悟、展示阅读成果等，从而增加读者阅读的乐趣和互动性。高校图书馆可以引入一些线上互动阅读平台，如共读平台、朗读 APP 等。这些平台可以促进读者之间的线上互动和协作，让读者一起阅读同一本书、互相交流阅读心得等。高校图书馆可以建立评价和反馈机制，鼓励读者对阅读推广活动进行评价和提出建议。让读者参与评价过程，提升了读者的参与感和主人翁意识，也为图书馆收集了有益的改进意见。

高校图书馆应树立榜样，利用榜样的力量教育大学生读者，如邀请知名作家、学者等开展讲座或分享活动，让读者了解到他们良好的阅读习惯和思考方式，激发读者的阅读热情和积极性。优秀作家、学者等人物，能成为读者学习和模仿的对象，鼓励读者积极探索阅读世界。榜样可以作为阅读的引导者，帮助读者在海量的图书资源中筛选出有价值、有意义的读物。读者了解了榜样的阅读喜好和经验，可以找到与自己兴趣相投的阅读方向。在阅读推广活动中树立榜样，能向读者传递积极向上的价值观和人生观。榜样的存在可以激发读者的进取心，培养其良好的道德品质和人文素养，增强读者的阅读动力。读者从榜样的成就和付出中，能被激发出斗志和毅力，进而努力追求自己的阅读目标，从中汲取智慧和启示，提高自己的阅读能力和思考水平。

第四节　重视分校阅读和阅读指导的训练

高校图书馆在提升学生阅读能力、引导学生深度阅读方面扮演着重要角色。分校阅读和阅读指导训练的有效实施，不仅有助于提高学生的阅读效率和理解能力，更能培养他们的阅读兴趣和习惯。高校图书馆定期组织阅读指导活动，提供专业的阅读方法和技巧，并针对不同学科和专业，提供精细化的书籍推荐和导读，不仅能丰富学生的学习生活，更能为他们未来的学术研究和职业发展打下坚实的基础。

一、重视分校阅读的训练

在当今这个信息爆炸的时代，阅读成为人们获取知识、提升自我、开阔视野的重要途径。书是人类智慧的结晶，也是知识的海洋，选择能够真正增益才华的书籍尤为重要。分校阅读是一种校园阅读推广理念，它借鉴了欧美名校的"校园阅读推广理念，可以通过特定的读书活动提升学生对名著佳作的阅读兴趣。这一理念倡导通过校园同读一本书或一类书，以及组织"好书校园漂流""邂逅读书会"等活动，增进学生对阅读的热爱和对文学作品的欣赏。分校阅读能以其独特的理念和丰富的内容，为学生的培养和高校图书馆的全民阅读推广开辟新的途径。高校图书馆应当深入探索分校阅读方式，助力学生展翅高飞，让高校校园阅读推广更加深入。

（一）促进校园阅读推广，提升创造力

1. 丰富校园阅读推广的内容

中外文学经典读物和古今学术经典名著如沧海汪洋，浩瀚恣肆，能提升人们的文学和人文素养，陶冶读者心灵，教人向善、向上、向美，不仅具有极高的文学价值，更能引导读者深入思考人生。艺术和考古读物广阔无垠、丰富多彩，有利于人们提高审美情趣，深入了解历史文化内涵。传记、游记和日记千姿百态、包罗万象，能满足不同学习阶段学生的阅读需求，使学生树立人生典范、获得人生启迪，丰富学生的人文知识、开阔学生的历史视野，还能保存人类史实，推动史学研究。随文而读，因体制宜。通过阅读经典作品，读者可以提升自己的阅读兴趣和文学鉴赏能力，更好地理解人性与社会，也能扩展知识面，了解不同文化、历史和社会的知识，从中汲取灵感和启示，提升写作和表达能力。

2. 注重创造校园阅读推广文化

校园阅读推广的重要任务之一是传承和弘扬传统文化。推广经典著作、古籍善本等，能让更多人了解和认识到传统文化的精髓和价值，增强人们的文化认同感和文化自信。校园阅读推广的另一个重要任务是培养阅读习惯。阅读习惯是一个人文化素养的重要组成部分，也是一个人终身学习的基础。推广阅读，能让更多人享受到阅读的乐趣，提升自己的文化素养和综合能力。校园的阅读推广活动应各具特色，也应突显学校的专业特点。

综合类院校的阅读推广应注重跨学科的综合性和全面性。综合类院校可以组织多样化的阅读活动和跨学科的研讨会，推动不同学科之间的交流和合作；高职院校的阅读推广可以结合实践活动，引导学生进行相关领域的阅读和学习，提高学生的实践能力和职业素养；理工类院校的

阅读推广应注重科学与人文的融合，重点放在建设实验室阅读角和组织科技讲座等推广活动上；师范类院校的阅读推广重点应为组织经典诵读与教育名著导读活动，建立完善的教育图书馆，提高学生的教育素养和实践能力；医学类院校的阅读推广应注重经典医学著作导读和医学人文讲座，建立完善的医学图书馆和数据库，将阅读与临床实践紧密结合，提高学生的临床思维和解决问题的能力；军队院校的阅读推广重点应在军事经典著作阅读和实战化训练的结合上，图书馆方可以举办军事讲座和研讨会，利用新技术进行阅读推广，营造浓厚的军营文化氛围。

3. 注重科学性与实用性的有机结合

高校图书馆的阅读推广具有较强的时间性和实用性，能够引发读者的共鸣和思考。例如，南京大学针对本科新生开展的"悦读经典计划"，是该校"通识教育"的重要内容之一，可以让新生群体了解相关推荐书目，该阅读计划项目的实施在入学前就开始了；武汉大学的"真人图书馆"，在2012年至2020年共推出了107本真人图书，有趣的形式，能激发学生的青春正能量；美国高校的"新生共同阅读计划"，一校一书，要求新生共同阅读一本书并各抒己见。高校图书馆的阅读推广还将科学性和实用性进行了有机结合，使读者可以在书林学海中自如穿梭、任情遨游，获得深刻的洞察，享受阅读的愉悦感。高校图书馆的阅读推广应内容翔实、风格质朴，鼓励人们在阅读实践中发挥创造力和想象力，以灵动多彩的方式呈现推广内容，激发学生的阅读兴趣和求知动力。

4. 培养校园阅读推广人的创造力

图书馆阅读推广人应该具备丰富的专业知识和经验。他们在文学、教育、图书馆等专业领域应有深入的研究，不仅要选择类型和主题各异的阅读材料，以满足不同学生的阅读兴趣，还要注重平衡阅读材料的文学性和知识性，确保内容既有吸引力又有教育价值，且符合学术标准和教育目标。南京大学徐雁教授毕业于北京大学图书馆学系，是资深阅读推广人，长年在高校一线讲台耕耘，为阅读事业的发展和学生的成长注入了源源不断的活力。徐雁教授和他的学生在每日工作中与大学生频繁互动，他们根据学生的发展阶段和学习风格，精心编纂内容，制订了不少适合学生的阅读活动方案。图书馆阅读推广人应像徐教授和他的学生那样，秉承温故知新、推陈出新、除旧布新的精神进行学术编纂工作，做到所撰内容与学生的现实紧密相连，又与高校教育领域的最新动态和研究成果息息相关，利用创新思维不断更新和改进阅读材料和指导策略，尝试新的方法和手段，让学生宁静从容地应对活动浮躁的网络时代。高校大学生不论已经就业还是仍在求学，都必须下定决心告诉自己：不再为应付考试而读书；不再为应付就业而读书。这减少了读书的强迫性，增加了读书的宽广性。教育者与时俱进，顺势而为；读者知一万毕，触类旁通。图书馆阅读推广人终将翰墨流馨，书香四溢。

（二）注重校园阅读推广的"阅读疗愈"效能

1. 大学生心理问题是现代社会比较突出的一个问题

大学生中有些人较轻视学业、人际关系较复杂，有些人自我认同感偏低、自尊心较强、焦虑感较重，有些人自卑和无助感较强、对网络与恋爱的认识不足。这些问题处理不好，可能导致学生心理压力过大，羞耻感过强，自责和恐惧感过盛等，轻则影响身心健康，重则危及生命。读书身健方为福，面向大学生的常见心理困扰对症荐书就像点亮了一盏盏指路明灯，可以在经济、简便、及时、保密性强、学生无精神压力和顾虑的情况下，弥补心理医生的不足。

2. "阅读疗法"是大学生不可多得的心理保健方法

"阅读疗法"是一种独特而有效的方法，能够帮助大学生缓解心理压力，提升心理健康水平，是他们不可或缺的心理保健途径。大学生可以通过对图书内容的接受、理解和领悟来调理精神状态，恢复身心健康。这一方法收效甚佳。在阅读中，大学生可以找到有情感共鸣的文字，获得情感上的支持和理解，这有助于缓解他们的孤独感、焦虑感等负面情绪，提升其情绪稳定性。人们可以引导大学生阅读内容积极向上的书籍，用书为其提供积极的人生观、价值观，培养他们积极向上的心态，这有助于改善大学生的情绪状态，使他们能更加乐观、自信地面对生活。阅读疗法还可以促进大学生的心理成长。阅读不同类型的书，让大学生开阔了视野，提高了心理韧性，并提升了应对困难的能力。

3. "阅读疗法"和心理医生治疗相融合

阅读疗法和心理医生都可以帮助人们解决情绪和心理问题。两者都是使用心理学原理和方法来帮助人们缓解压力，调节焦虑、抑郁等负面情绪的。阅读疗法主要通过阅读材料来帮助人们缓解负面情绪，而心理医生则使用各种心理治疗方法，如认知行为疗法、心理动力学等。阅读疗法主要针对轻微的心理问题或情绪困扰，可以帮助读者缓解压力、改善情绪。而心理医生则可以处理更顽固的心理问题，如人格障碍、精神疾病等。读者在出现较轻的心理问题时，可以借助"阅读疗法"来解决，但当出现较重的心理问题时，必须依靠心理医生的指导。这个过程往往比较漫长，而患者的情况可能会反反复复、时好时坏。在患者情绪好的时候，应跟进阅读疗法；在患者情绪较差的时候，就让心理医生助其脱困解厄。这样轮流治疗、双向跟进，可以更彻底地让患者恢复至平安健康。所以，"阅读疗法"和心理医生治疗相融合是解决读者心理问题的良药秘方。可见，"阅读疗愈"有益于学生的长足发展，且前景广阔。

（三）促进大学生阅读的广泛推广与传播

实施"分校阅读"需要人们在校园阅读推广的过程中做到以下几点。组织者要结合不同学校、不同年级各自的特质，来创意策划、创新发展更具针对性的"分校（分级）式校园阅读推广"活动。要借助"分时阅读""分地阅读"及"分类读物"推广的方式，努力结合"新生入学季"及"人生规划季"等时间节点，举办主题鲜明的优秀读物的推广活动。高校图书馆应及早恢复"导读室"，或创建"校园阅读推广部"，选用馆内乃至校内外得力人才，使之发展成为促进校园阅读与学风建设的新部门。高校图书馆要借助"分校阅读"这一契机，丰富阅读资源，定期举办读书沙龙、读书分享会、作家讲座，利用社交媒体平台，如在微博、微信上推广优秀的图书资源，让人们分享阅读心得。高校图书馆要鼓励大学生制订个人阅读计划、设定阅读目标，通过与其他学校或机构共享图书资源和阅读活动经验，多条路径开展更多校园阅读活动，进一步促进大学生阅读的广泛推广与传播。

阅读推广是一种文化使命和社会责任。"阅读推广"代表了人类对知识、文化和精神的追求，是将阅读的价值传播到更广泛的人群之中。无论是开卷观书，还是启屏求知，通过不间断的阅读和终身化的学习，汲取书本内外的信息、知识乃至智慧，为人生的战略服务，正是一个现代人的基本生存方式和生活内容。阅读推广不仅意味着将阅读这一行为普及到更广泛的人群中，还代表着对知识的传播、文化的传承以及人类精神的提升。阅读推广能使更多的人认识到阅读对于开阔视野、增长智慧、提升人文素养等方面的重要性。高校图书馆应该以当仁不让、义不容辞的精神，在全民阅读的时代背景下，担当起校园阅读推广的重任。

读书求知、知行合一、学以致用，这类学业生涯里的大命题值得读者深入探讨。开卷有缘、读书增福，阅读推广关注着每一个个体在阅读中获得的成长与提升，同时关系着整个社会的文化水平和精神风貌的提升。高校图书馆要以分校阅读为契机，让读者领略阅读的魅力，畅享阅读的收获，增益才华、提升素养、开阔心胸，让其变得更加快乐、自信、睿智、通透、豁达、从容。

二、重视阅读指导的训练

阅读是获取知识和信息的重要途径，对于大学生来说尤为重要。然而，现代社会的快节奏生活和多样化的娱乐方式使许多大学生陷入了阅读危机，出现了阅读量不足、阅读能力下降等问题。高校图书馆在阅读推广的过程中可以缓解大学生的阅读危机，不仅有助于提高他们的阅读素养和能力，还能够促进他们的全面发展，培养他们的终身学习习惯，以使大学生更好地应对信息化时代的挑战，并传承和弘扬优秀文化。

（一）揭示当前校园阅读危机

信息爆炸和文献数量的快速增长使当代人养成了"读图""轻阅读""浅阅读""泛阅读""碎片化阅读"的阅览习惯，在数字化、网络化的今天，乐于逐新、勇于追异的大学生容易被碎片化的信息吸引而忽视深度阅读和思考的重要性，以致校园阅读氛围弱化，学生阅读热情低迷。这种危机不仅表现在阅读量的减少、阅读质量的下降上，更意味着阅读态度和价值观的转变。

当代大学生的阅读危机还出现了以下问题：由于学业压力、社交活动等原因，少数学生没有足够的时间进行阅读，难以养成良好的阅读习惯；有些大学生对阅读没有太大兴趣，或者只对某些类型的书感兴趣，缺乏较丰富的阅读体验，这导致他们知识面较狭窄，思维不够开阔，思想不够深邃；由于阅读训练的力度不够，少数大学生的阅读速度、理解能力和批判性思考能力没有得到理想中的提升。

（二）造成校园阅读危机的因素

造成高校校园阅读危机的因素是多方面的。大学传统学风出现断裂，大学生读书热潮及阅读趋向发生变化，应试教育妨碍勤奋读书习惯、自主求知学风的养成，专业培养细化导致课外阅读时间缩减等，包括社会环境的变化、教育体制的缺陷、家庭教育的不足以及学生自身的问题，都是原因。

随着社会的快速发展，大学生常常面临繁重的课业负担和巨大的就业压力，为了在竞争激烈的环境中脱颖而出，他们往往更加注重专业课程和实用技能的学习，而较忽视课外阅读对于个人成长和综合素质提升的重要性。相比于传统的阅读，少数大学生更倾向于选择即时性、互动性更强的娱乐方式，如社交媒体、短视频和游戏等。有的学生没有养成良好的阅读习惯，缺乏阅读的计划性和持续性，容易被其他事物分散注意力，导致阅读效率低下。

随着数字化阅读的兴起，少数或个别大学生倾向于通过网络获取信息，但这些信息往往比较碎片化、质量参差不齐，不利于大学生进行深度阅读和思考。少数或个别大学生为了通过考试或获得某种证书而阅读，这种追求功利的心态可能导致他们只关注与目标直接相关的内容，而忽视了阅读的广度，对于个人成长和综合素质提升造成影响。

（三）关于解决阅读危机的策略

提振高校大学生阅读氛围有七大对策：从"新生入学"到"职业规划"，做好阅读推广系统工程；发挥推荐、导读功能，夯实大学生课内、课外阅读基础；开设名著导读及阅读学课程，提升大学生阅读素养及阅读水准；做好阅读推广年度规划，提升读者服务工作效能；注重图书馆阅读新空间建设，开发"学习共享""阅读疗愈"功能；建立大学生阅读推广队伍，拓展高校图书馆教育职能；继续深耕大学生阅读推广，同心合力共建书香校园。高校要开展大学生阅读指导和读物推广工作，就要改善当下普遍存在的大学生阅读氛围低迷的状态，形成大学生阅读推广可持续良性循环。

个人、家庭、学校和社会的联动作用对于大学生阅读危机指导也有至关重要的影响。这四个方面相互关联、相互影响，共同构成了一个综合指导体系。大学生将意识到阅读的重要性，培养良好的阅读习惯和兴趣，他们可以通过制订阅读计划、选择适合自己的读物、参加阅读俱乐部等方式，积极提升自己的阅读能力和素养。家庭氛围和家长的引导对大学生阅读习惯的形成具有重要影响。家长可以鼓励孩子多读书、与孩子分享阅读体验，为孩子提供丰富的阅读材料，从而培养孩子的阅读兴趣和能力。学校开设阅读课程、组织阅读活动、提供阅读资源等，可以为学生创造良好的阅读环境和阅读条件。社会各界推广阅读文化、举办公益阅读活动、为大学生提供实习和实践机会等，可以为大学生提供更多的阅读资源和平台。此外，媒体和出版机构也有责任传播优秀的阅读材料，引导大学生形成正确的阅读价值观。

（四）探讨大学生阅读危机指导的价值和意义

阅读是个人成长和社会进步的重要途径，大学生的阅读习惯和阅读能力直接关系着国家未来的发展。大学生阅读危机指导，有助于引起社会对大学生阅读问题的更多关注，持续推动形成良好的阅读风尚和文化氛围。大学生对书的选择要兼顾经典与时尚、普遍性与特殊性以及专家意见与大众口味。前文提到过的切实可行的七大阅读指导策略，不仅有助于改善当前校园阅读状况，提高读者的阅读能力和素养，还对于推动教育改革、培养创新人才具有重要意义。

大学生在阅读中收获的是心灵成长的滋养，内在力量的强化。文学佳作、传记、游记、日记、艺术、美术与考古图书让大学生在卷帙浩繁中，撷拾菁华，披沙拣金。大学生在读书活动中可以更加了解学生社团，学到多种读书方法的选择与运用，也能了解到按照自己的情绪疗愈需要选择必要读物以阅读自愈的方法。在阅读疗愈中，大学生可以放松自己，减轻压力，排解情绪，提高心理素质，塑造健全的人格。读书不是一件容易的事，它需要循序渐进地积累，持之以恒地用功。在阅读中，大学生读到古代汉语专家王力先生为北京大学"学海社"题写的"骋怀学海扬帆远，游目书林用力勤"，可以懂得"孙敬悬发、苏秦刺股"的道理。读书学习不能懒，天地日月比人忙。大学生做到勤奋刻苦、持之以恒，勿怠勿荒，就能做到好词佳句信手拈来。

高校教师在阅读中获得的是教学视野的开阔，教研水平的提高。教师应鼓励大学生在早上、午休、晚上等时间段，利用碎片时间进行阅读；鼓励大学生在阅读中勇于尝试和创新，探索适合自己的阅读方式和疗愈方法；教师还可以将阅读与课程学习相结合，推荐与课程内容相关的阅读材料，激发大学生的阅读兴趣。当学生心烦意乱，灰心丧气，或者郁郁寡欢、焦虑不安时，教师应以书为荐，对症荐书，擘肌分理，唯务折中，帮学生舒缓心理压力，减少其负面情绪。教师应教给学生有效的阅读方法和阅读技巧，针对不同学生的需求，提供个性化的阅读建议和指导，在课堂内外做到豁达与从容，睿智与自信。学生阅读教学的开展，阅读推广活动的进行，对学生阅读行为心理的分析，阅读疗愈读物对学生情绪干预效果的探讨，都为教师提供了科研的第一手资料。教师大胆假设，小心求证，在科研上也会成果丰硕，做到脚踏实地、行稳致远、进而有为。

高校图书馆工作人员在阅读中能得到专业技能的提升和自我认知的深化。书中有具体的中外图书馆案例，可以为高校图书馆如何提振当代大学生阅读氛围，策划和创新大学生阅读推广活动，提出一系列有可行性的建议和对策，对高校图书馆和相关部门开展实际工作具有重要的指导意义。图书馆需要重塑自我，以保持贴近数字时代的趋势，图书馆工作人员应未雨绸缪、胸怀宽广、胸有成竹地迎接"启屏索知"的数字化网络时代，掌握网络搜索引擎、数据库的使用方法等现代数字技能。图书馆工作人员从书中还可以掌握阅读推广新媒体平台的操作、维护等账号运营技能。图书馆工作人员在书中学到的阅读疗愈的相关知识，在需要的时候可以帮助其为读者提供专业的指引和建议，一方面增进读者对阅读疗愈的了解，另一方面自己也可以获得丰富的资料和数据，便于开展读者研究工作，帮助学生启迪智慧、怡情养性，达到慰藉心灵、促进个人成长的目的，更好地为保障大学生的心理健康贡献力量。

（五）阅读危机指导的疗效

阅读危机七大策略指导的疗效该如何测评呢？研究者需要找到目标，及时了解并定期跟踪阅读者的进步情况，根据需要调整阅读计划。这样可以确保指导计划的有效性，帮助阅读者持续改善他们的阅读能力，确定下一步的行动计划，并为阅读者提供有针对性的支持和辅导。若发现阅读者进步缓慢或遇到了严重困难，研究者可以考虑与其他教育专家或心理咨询师合作，群策群力进行更深入的评估和分析，帮助阅读者克服阅读困难，冲破迷雾，化蛹成蝶，为学生打开一片情绪疗愈、自助阅读的新天地。

"讳疾忌医"古来有之，是人之常情。南京大学徐雁教授选择了"疗愈"一词而非"疗法"，就体现了对大学生非病态的负面情绪的关注。台湾大学陈书梅教授也淡化了心理疾病的概念，采用"情绪疗愈"的表述，扩大了书的受众。心灵鸡汤起着滋养心灵的效果，阅读疗愈是心灵的保健良药。阅读危机指导少用"疗""危机"等与"病"密切相关的敏感字眼，尽量选用能蕴香吐芳、温煦融畅的字、词，能让学生更容易地接受，并在没有抵触情绪的氛围中接受读物的疗愈，这样会收到更好的效果。对于关键字、词的选择与使用，相关人士需要琢磨推敲，帮助学生渡过难关。

阅读疗愈中读书与听书相结合。阅读疗愈书籍可以引导大学生进行

"发展性阅读疗愈",在心理上经历"认同—净化—领悟"的"情绪疗愈"历程,从而释放精神压力,调节心理状态,缓解恶劣情绪,走出人生的困境,找到解决问题的途径。若疗愈性图书能被录制成音频,让读者听书,还可以解放读者的眼睛,节约读者的时间,使读者有多样化的学习选择。旷野之地,热闹之场,负薪牧豕,皆可读书;做饭之间,扫地之余,散步闲游,尽可听书。读物与听物共存,此乃惠及读者的一大善举。

开展阅读疗愈书籍征集活动。好书解隐忧,美文释闲愁。例如,"徐门书事"公众号专门开设的"解忧文丛"专题栏目,就以有奖征文的活动形式,面向校内外师生征集了具有阅读疗愈作用的随笔、散文作品,并在择选后在微信公众号平台定期发布作品,活动效果甚好。研究者还可以在此基础上让活动的征集面更广,征集的疗愈书目更具有代表性,让疗效受众群体更为广泛。例如,研究者可以选择全国各地不同区域、不同层次的高校50所,向每所院校的每个院系的10名有丰富阅读经验的同学发放调查问卷,问卷只需填写两个内容,一是让自己心情变好的1到2本书的书名,以及对应的作者、出版社、出版时间;二是谈谈自己选这本书的原因(3到5句心里话即可)。调查问卷简单,没有难度,学生作答方便、迅速。把50所高校的所有院系的问卷汇总到一起,依据书名出现的频率从高到低排序,选择前100本书组成大学生情绪疗愈书籍书单。如果说《书香危言:当代大学生阅读危机干预方略》里的53本是教育专家、疗愈研究者为大学生精挑细选的好书,那么这广搜博采、集思广益得来的这100本书则来源于大学生的亲身体验,是曾给学生以深刻印象,并在某个时间段给了学生以情绪安慰的书籍,更具实践疗效,更有说服力。这样的书理当回到学生群体中去,疗愈更多学生。这100本书与指导方略中推荐的53本书的融合,将是阅读疗愈研究理论与实践相结合、研究者和被研究者相融合、需要者和被需要者相契合的完美实现,疗效也会更加明显。

"书犹药也，善读之可以医愚。"高校图书馆应以敏锐视角、精辟思想，强化阅读教育、拓展阅读资源，在理论上推陈出新，在实践中继往开来，引导大学生形成健康的阅读方式，将知识的芬芳酿造成阅读的正能量。期待当代大学生阅读危机指导方略日渐完善，日趋成熟，让大学生在阅读的海洋中自由翱翔，让阅读的快乐成为生活的底色，让自强不息、奋发努力的精神陪伴大学生持续锐意进取、勇往直前、积极向上。

第五节 创新阅读服务模式

随着数字化时代的快速发展，大学生的阅读行为和阅读习惯发生了显著变化，这引发了"读图""轻阅读""浅阅读""泛阅读""碎片化阅读"等"阅读危机"。阅读率有下降趋势，在校大学生读书求知的主动性及拓展性也均显不足。大学生树立知行合一、学以致用、理论联系实际的研学理念是十分必要的，这也对高校图书馆工作人员阅读服务创新提出了新的要求。高校图书馆工作人员应致力助推学术研究与文化传播的双重提升，在数字时代迎接阅读服务上所面临的创新机遇与挑战。

一、创新高校图书馆工作人员阅读服务理念

新时代对图书馆工作人员提出了新的要求，高校图书馆工作人员应尽快从"服务型"转向"学习型"。学习型图书馆工作人员应具备以下五个特性：建立在专业主义上的爱岗敬业精神，博学杂览的丰富知识积累和学识底蕴，灵活周全的公共关系能力，以用户为中心的知识服务水平，以及与时俱进的学科前沿意识。学习型图书馆工作人员应具有强烈的职业忧患意识，既要多一份"最是书香能致远"的人文自信，又要具备学习型图书馆工作人员和"阅读推广人"的身份认同。

对大学生创新能力的培养应该从阅读开始，平时的大量的阅读能

激发大学生的好奇心和求知欲，进而培养他们的创新思维和解决问题的能力。阅读创新不仅仅与读什么书、为什么要读有关，更与需要怎么读有关。高校读者带着问题去阅读，不仅仅应接受信息，还要进行思考和质疑。这样，阅读就不再是单向的，而是变成了一个互动的和发现的过程。高校图书馆工作人员阅读服务创新理念的核心是以读者为中心，提供多元化、个性化的服务，注重阅读体验和信息素养教育，倡导阅读文化并推动社会进步。这将引导图书馆工作人员不断创新服务模式和方法，提升阅读服务的质量和水平，满足读者的多元化需求，让学生通过阅读感到温暖，受到鼓舞。

二、拓展大学生阅读服务创新的内容

大学生阅读服务创新的内容可以从阅读资源、阅读环境、阅读指导、阅读交流等多方面进行拓展，以提高大学生的阅读体验，满足他们的阅读需求。这些创新内容相互结合、互相促进，形成了一个完整的阅读服务体系。

深化阅读推广，融合线上线下，打造全方位阅读体验。"今天的学业就是明天的职业，也是一生的事业。"面对大学生兴趣多元、热衷快餐文化、阅读数量质量持续走低呈下滑趋势等问题，高校图书馆工作人员深为忧虑。如何让学生从厌倦书本、远离学习到主动求知、热心钻研，做到书海弄潮、学业争先，值得每一位教育者认真思考。阅读不仅仅是为了获取知识，更是一种生活方式和精神追求。现在提倡"大阅读"理念，阅读，包括读"有字书"和"无字书"两个概念，天地为阅览室，万物皆书卷，一个人要善于从"无字句处读书"，善于把自己的人生，同自然山川、社会事物的知识与书本知识贯通、融合。因为书本所记录的只是人类知识的一部分，而且主要是过去的知识，只有"观无字书，识有字理""读万卷书，行万里路"，才能让人的见解和见识随着年龄而提高，才能使一个人成为知识经济时代的强者。高校图书馆工作人员应充分利用微博、微信平台等线上线下的资源优势，提升学生阅读体验，让其感受真实世界，随时随地都能感受到阅读的乐趣，足不出户也能沐浴书香。

强化信息素养教育，引入大数据技术，实现个性化阅读推荐。面对信息爆炸的时代背景，高校图书馆工作人员应强化学生的信息素养教育，教会他们如何有效地获取、评估和利用信息，这不仅可以提升学生的阅读层次，还有助于培养他们的批判性思维和创新能力。阅读在培养读者创新思维方面有重要作用，年轻读者要进行广泛阅读，特别是阅读那些能够激发想象力和创造力的书。个性化阅读是阅读的新趋势，也是未来阅读的重要方向。应该根据每个人的阅读兴趣、阅读能力和阅读需求，为他们推荐最合适的书。在大数据技术的支持下，高校图书馆工作人员可以对学生的阅读偏好进行深入分析，为他们提供个性化的阅读推荐。这不仅能提高学生的阅读满意度，还有助于培养他们的阅读习惯和兴趣，帮助他们改掉心浮气躁，浅尝辄止的不良嗜好，纠正阅读渴望强烈但阅读动力不足的倾向。

建立阅读社群，共享阅读资源，促进阅读交流。阅读是一种孤独的享受，但共享阅读资源却能够让人们在孤独中找到共鸣。当人们发现原来有那么多人喜欢同一本书，有着相似的感受和思考时，人们就会感觉到一种莫名的亲近和温暖。高校图书馆应积极建立阅读社群，为学生提供一个分享阅读心得、交流阅读体验的平台，营造处处可读、处处宜读、处处想读的氛围，使书香之风浸润整个校园。图书馆可以成立兴趣小组或读书会，定期选择一本书进行集体阅读，或举行面对面讨论会，让大学生在社交媒体、视频会议软件等工具中进行交流讨论。讨论时，图书馆应鼓励学生运用开放性和批判性思维，尊重不同观点，促进深入对话。高校图书馆应创建阅读清单或书单，分享优质图书资源，并定期分享读书笔记、书评、思维导图等阅读成果，鼓励不同专业背景的学生参与阅读交流，这能鼓励学生进行跨学科思考，有效地促进阅读交流。

第五章 高校图书馆全民阅读推广的策略与方法

构建阅读疗愈体系，打造阅读疗愈空间，助力大学生排除心理隐患。读书明理，心智俱健；修身养性，知行合一。这从来都是开卷读书的宗旨所向和终极价值所在，因此借助阅读来疗治人类某种精神缺失和心理疾患，早已为古今中外有识之士所体悟和认识，并被当作一种宝贵的精神滋补资源。阅读是一种心灵的疗愈，它能够帮助人们在喧嚣的世界中找到内心的宁静和平衡，实现"读物接受—内容理解—问题领悟—心神净化"的目的，还能激发人们内在的力量，让人们更加勇敢地面对生活的挑战。大学生在成长过程中，难免会遇到各种挫折和困惑，重要的是学会自我调节，及时排除心理隐患，以积极的心态面对生活的挑战。高校图书馆应积极创造适宜的条件，精心选择恰当的环境，并及早地以创新性方式设立如"暖心室""解忧台"等"阅读疗愈"自助阅览空间，广泛汇聚那些具有"疗愈功效"的书籍、报刊以及线上电影、音乐资源，为每个人提供一个心灵的港湾，让阅读成为抚慰心灵的良药，使每一个寻找内心平静和力量的人都能在这里找到属于自己的那份温暖与慰藉。

三、提升图书馆工作人员阅读服务创新的能力

提升高校图书馆工作人员的阅读、写作、网络检索、数字分析和疗愈指导等能力是图书馆持续发展的重要一环。图书馆需要培养一支具备较高创新能力的图书馆工作人员队伍，不断提升阅读服务的水平和质量。

（一）提升高校图书馆工作人员的阅读创新能力

图书馆工作人员要重视对深度阅读能力的培养。徐雁教授倡导深入阅读文学名著、深入思考作品人物言行、深入汲取作家人生智慧的阅读理念；余秋雨注重阅读的深度和历史维度；苏联著名作家尤里·瓦西里耶维奇·邦达列夫（Юрий Васильевич Бондарев）曾感慨，谁要是没

有被一本好书俘虏过,那将是最大的遗憾。异曲同工、殊途同归,最后汇聚成一点:要重视对深度阅读能力的培养。通过深度阅读,图书馆工作人员可以培养批判性思维,促进知识的创新和应用。每一个人都应该到书林中去寻找一个中意的作家,与那个和自己气质相近的先贤交流。知识似海,需求如网,借助一环扣一环的深度阅读,顺线摸鱼,图书馆工作人员终将与阅读目标不期而遇。

图书馆工作人员需要读哪些书?大学生一定要读"经典",读原著,不要只读"二手货""三手货",更不能把"二手""三手"的东西当作依据去搞学术研究。图书馆工作人员也一样。读原文,悟原理,铸魂增智强本领,既能寻根求源,又能探本穷理。阅读不同文化背景的书,可以开阔视野,激发创新思维。图书馆工作人员需要读图书馆学、图书情报学、信息技术类、图书馆管理类等方面的专业书籍,还需读心理学等其他领域的书,为那些有抚平情绪、心理建设和精神保健需求的学生服务。图书馆工作人员应该掌握哪些读书方法呢?通常有以下五种:一是坚持"一本书主义"的阅读文化理念。尽心读一两本书,其余如破竹数节,皆迎刃而解也。二是"带扣结网"读书法。在书林学海中邂逅一本自己中意的书后,以之为"网扣",进一步网罗该作者的其他著作,或是同题材、同类型的著作,犹如蜘蛛结网一般,由点到面地拓宽自己的知识领域。三是古为今用的"观其大略,好读会意"式阅读法,提纲挈领地领会书卷中的知识要点和作者的思想实质。四是洋为中用的"检视式-SQ3R(survey question read recite review, SQ3R)"阅读法,这是一种读者目标预设后的搜索性阅读活动,又有"寻读""猎读""略读""预读"之称。五是"悬疑—解疑"读书法,其要义是"悬疑",在开卷之初就在脑海里预设疑问,在开卷过程中不断产生疑点,接着钻研一书,进而博览群书的过程,是一个"追索—求证—解疑"的研究过程。综合运用"结网""悬测""提纲挈领"等多种阅读法,举一反三、融会贯通,以至于触类旁通,能拓展读者的知识面,解开读者心头的疑问,解决读者在学习和研究中遇到的问题。

（二）提升高校图书馆工作人员的写作能力

高校图书馆工作人员需要勤于练习、反复书写。图书馆工作人员应该具备良好的写作能力，以便能够准确记录、整理和传达信息，从而帮助读者更好地利用图书馆资源。图书馆工作人员不仅是书籍的守护者，更是知识与智慧的传播者。他们的文字应该像他们所守护的书籍一样，充满深度和魅力。通过撰写工作报告、通讯稿、新闻稿等文本，图书馆工作人员可以不断提升自己的写作能力和实践经验。图书馆工作人员要勇于尝试不同的写作形式和风格，挑战自己的写作舒适区，拓展写作领域；要认真对待每一个修改意见，仔细斟酌并做出相应的修改，不断提高作品的质量；要积极参加图书馆或相关机构组织的写作培训和研讨会，学习专业的写作知识和技巧。图书馆工作人员应充分利用在线写作平台、博客、社交媒体等资源，分享读者的写作成果，相互学习写作经验，做到好书共享、佳作共赏、书韵流香。

高校图书馆工作人员需要撰写书评、多加实践。书评写作是一种提升个人好书鉴赏力和读物推广能力的有效方式，是阅读推广实践的重要环节。图书馆工作人员的书评应该像一盏明灯，照亮读者在知识海洋中航行的道路，帮助他们避开浅滩和暗礁，顺利到达目的地。书评能够概括书的主要内容、主题和风格，为读者提供阅读前的参考。在写作书评的过程中，读者可以更好地了解到该书是否符合自己的兴趣和需求，能做出更明智的阅读选择。高校图书馆工作人员通过撰写书评，能深入理解作者意图，并运用批判性思维对书进行评价。图书馆工作人员的书评充满着独特魅力，可以起到向读者推荐优秀图书的作用，并能扩大这些图书的影响力和传播范围，这对于引导校园文化、提升学生阅读素养具有积极作用。高校图书馆工作人员勤奋读书，笔耕不辍，可增广见闻，开阔视野，也能影响读者的阅读写作观。

（三）提升高校图书馆工作人员的网络检索能力

在信息时代，图书馆工作人员的网络检索能力就如同探险家的指南针，是他们引导读者穿越复杂信息海洋的关键。如今，网络检索工具丰富而便利，"左书右网"的和谐阅读状态，足以帮助读者在现实和虚拟空间的书林学海中自如穿梭，尽情遨游。高校图书馆工作人员既要了解各种网络检索工具，又要了解所在图书馆订购的电子资源和服务。

高校图书馆工作人员需要了解的网络检索工具种类繁多。搜索引擎是最常用的网络检索工具之一，如 Bing、百度等。元搜索引擎通过同时查询多个其他搜索引擎，将结果汇总在一起返回给用户。目录是将各类网站按照主题分类并组织成层级结构，用户浏览目录，找到感兴趣的网站或信息，如 Yahoo 目录、DMOZ 等。数据库检索系统是针对特定领域的数据库进行检索的工具，如文献数据库、专利数据库、新闻数据库等。社交媒体搜索是针对社交媒体平台（如微博、微信等）进行信息检索的工具。垂直搜索引擎是针对特定领域或行业进行深度定制的搜索引擎，如旅游搜索引擎、购物搜索引擎、学术搜索引擎等。可视化搜索工具通过图像识别、自然语言处理等技术，将用户的输入转化为可视化图表或图像，可以帮助用户更直观地理解和分析搜索结果。乱花渐欲迷人眼，一个事半功倍的阅读效率时代已经来临。

高校图书馆工作人员要了解所在图书馆订购的电子资源和服务。图书馆工作人员要熟悉电子期刊、电子图书、学位论文、会议论文等电子资源的访问方式和检索界面，学会从海量信息中筛选出与用户需求相关、质量可靠的资源，图书馆工作人员还要学习使用跨库检索工具，实现在多个数据库或平台间的统一检索，提高检索效率。图书馆工作人员应掌握资源整合技术，如学习链接解析、元数据整合等，这样才可以为读者提供一站式的资源发现与获取服务。图书馆工作人员要关注网络检索领域的新技术、新方法和新趋势，如语义检索、数据挖掘、人工智能在检索中的应用等。图书馆工作人员要参加相关培训和研讨会，与同行交流经验，共同提高网络检索能力。

（四）提高高校图书馆工作人员的数字分析能力

在"数字化读物与新媒体阅读"兴起的时代，提高图书馆工作人员的数字分析能力对于图书馆的发展和阅读服务创新至关重要。图书馆工作人员的数字分析能力不仅可用于对数据的解读，更可用于对未来趋势的预见。图书馆工作人员的数字分析能力已经成为他们新时代的核心竞争力。提高数字分析能力，能更好地了解读者需求，优化资源配置，提升服务质量。随着大数据和人工智能技术的快速发展，数据分析已经成为许多领域制定决策的重要依据，图书馆工作人员需要掌握数字分析技能，以便更好地理解和应对数字化服务的需求和挑战，推动图书馆的数字化转型和创新发展。具备数据分析能力的图书馆工作人员将更受欢迎，他们不仅能够胜任传统的图书管理工作，还能够承担多元化、复杂化的任务，如数据驱动的决策制定、读者行为分析等。

图书馆工作人员需要关注数字分析领域的新技术和新趋势。在数字化浪潮中，图书馆工作人员必须像海浪上的冲浪者一样，敏锐地感知并适应数字分析领域的新技术和新趋势，以保持其服务的领先性和相关性。人工智能正在改变数据分析的各个方面，从数据收集、清洗到分析和可视化，自动化分析工具和智能助手能够帮助图书馆工作人员更高效地处理数据，为读者提供个性化服务。新的数据可视化工具和技术能够使图书馆工作人员以更直观、更具吸引力的方式展示数据。自然语言处理（Natural Language Processing, NLP）技术让图书馆工作人员能够处理和分析文本数据，包括读者反馈、社交媒体评论等。实时分析技术允许图书馆工作人员立即处理和分析数据流，如图书馆访问量、即时借阅数据等。云计算为图书馆工作人员提供了弹性的、可扩展的数据存储和分析能力。分布式存储技术则支持图书馆工作人员高效处理大规模数据集，同时保持数据的安全性和可用性。

（五）提高高校图书馆工作人员的阅读疗愈指导能力

"疗愈系"图书馆工作人员的培养。2023年10月9日，国家卫生健康委员会宣布："加强学生心理健康工作，上升为国家战略。"高校图书馆应选拔培养具有心理学、教育学和阅读文化学等学科专业基础的知识复合型工作人员，从事"疗愈系"馆藏文库及其阅览室的典藏管理和读者服务工作，以推进全民阅读和"文化惠民工程"的创新实施。高校图书馆应该培养（或招聘、引进）心理学、教育学（幼教）、阅读文化学、文学、史学、哲学，甚或艺术、园艺等专业背景的工作人员，并为其提供在职进修、专业考证以及在海内外做相关领域访问学者的机会，使其以"发展性阅读疗法"（区别于"临床阅读疗法"）为主旨，学以致用，知行合一，理论联系实际，不断努力提升自身学识。

疗愈系学生档案的建立。图书馆工作人员进行阅读疗愈工作时建立档案的步骤如下。一是在观察中发现情绪低迷、眉头紧锁的学生，与其建立友好关系，了解学生的姓名、性别、年龄、班级等基本信息。二是了解学生的家庭环境、父母职业、家庭经济状况等，以便更好地了解学生的成长环境。三是记录学生的身体健康状况，包括有无慢性疾病、过敏史等。四是对学生的心理状况进行评估，了解学生的情绪状态、心理需求等。五是针对学生的具体情况，选择适合的疗愈书籍。六是向学生群体收集可以让其情绪好转、获益颇多的书籍。七是做好详细记录，建立疗愈档案，并把一个图书馆的所有工作人员建立的阅读疗愈档案汇总起来。八是综合所有工作人员掌握的资料，定期出炉疗愈书单。九是及时添加、整理疗愈专柜里的书。工作人员还可以找那些性格活泼开朗的学生，了解他们最喜欢看的书，选择其中有代表性的，放入指定书架，助力大学生提振信心、鼓舞士气、激励前行。

"情绪疗愈阅读空间"的布置。高校图书馆的"情绪疗愈阅读空间"，须以接馆舍环境之地气、联校本文化之文脉、扬中外名著佳作之书香为原则。"情绪疗愈阅读空间"需做到以下几点：使用柔和、温暖的色调，如浅蓝色、米色、淡紫色等，它们能够给人带来平静和放松的感觉；提供柔和的自然光或模拟自然光的人工照明，确保光线柔和不刺眼；选择舒适且符合人体工程学的阅读椅和沙发，确保读者长时间阅读也不会感到疲劳；提供不同高度和类型的书架，方便读者取阅书籍；在空间内播放轻柔、舒缓的音乐，放置一些绿植或花卉，增加空间的生机和活力；划分出不同的阅读区，如静心阅读区、小组讨论区等。网络阅读疗愈服务数字平台的构建也很重要。读者出于自尊心可能会抵触到实体的阅读疗愈空间阅读，而虚拟的阅读疗愈空间具有保护隐私、不伤自尊的特点，更受学生青睐。

指导学生阅读要言之有物，行之有度。高校图书馆工作人员应该正确识别不同读物资源的特征，根据读者的需求，向读者提供推荐服务。"面向大学生的常见心理困扰对症书目""大学生心理问题阅读疗法推荐书目""从沉郁到淡定：大学生情绪疗愈绘本解题书目"等书单，能助力高校图书馆工作人员更好开展"阅读疗法"导读服务工作，南京大学"阅读疗愈与文艺名著审美导论"课程参阅书目又给了大学生按照自己的情绪疗愈需要，选择必要读物以求阅读自愈的相关建议。直面成长烦恼，寻求疗愈之道，高校图书馆工作人员要以一颗爱岗敬业爱生之心，见缝插针、润物无声，默默地在知识的殿堂耕耘，为学生筑起通往健康之路的坚实桥梁，以书香温暖每一个迷茫的灵魂，照亮他们前行的道路。

读书是福，书香致远。高校图书馆工作人员在这个科技日新月异的时代，要能够踔厉奋发，笃行不怠，不断探索和实践阅读服务的新模式、新方法，以温暖的工作气息，活力满满的劲头，应对日益复杂的阅读环境和读者需求，不断提升自己的专业素养和服务能力，实现个人价值与社会价值的和谐统一。图书馆工作人员只要做到接续奋斗，砥砺前行，就能更好应对阅读危机，推动校园阅读文化的繁荣与发展。只要图书馆工作人员行而不辍，阅无止境，图书馆就能成为真正意义上的知识殿堂和文化交流中心，让读者和图书馆工作人员的人生理想插上书香的翅膀，在阅读服务创新中稳中求进、以进促稳、行稳致远。

第六节　注重红色文献的阅读推广

红色文献的阅读推广是一项具有重要价值的工作。红色文献是中国共产党在领导人民革命、建设和改革的过程中所形成的宝贵精神财富，对于传承红色基因、弘扬社会主义核心价值观具有重要作用。红色文献记录了中国共产党和中国人民的奋斗历程，蕴含着内涵丰富的革命历史、革命精神和革命文化。红色文献是进行思想政治教育、历史教育和文化教育的重要资源，阅读红色文献，可以让人们深入了解党的光辉历程，传承红色基因，增强人们的爱国主义情感和民族自豪感。

高校图书馆注重红色文献的阅读推广，可以有效推动社会主义的精神文明建设，提高读者对高校图书馆的认同感，为红色文献的保护、挖掘与利用提供新的宣传途径与渠道。高校图书馆注重红色文献的阅读推广可以使红色文献利用逐渐形成具体化、系统化的管理体系，发挥红色文献的关键性主导作用，也能充分发挥出高校图书馆的属地和职能作用。

一、大数据时代高校图书馆注重红色文献的阅读推广的意义与必要性

随着信息化进程的加快，大数据已成为高校图书馆完成各项工作的得力工具。在大数据时代，高校图书馆红色文化教育怎样才能与图书馆活动有机融合，如何满足人才智力需求，如何加快图书馆数字红色文

第五章　高校图书馆全民阅读推广的策略与方法

化的建设，都是值得人们思考的问题。依托大数据助力高校图书馆红色文化振兴，效果显著，是探索新形势下图书馆红色文献阅读推广的必要途径。

在"十四五"时期，我国发展仍然处于重要战略机遇期，全国正在大力实施数字中国建设，大数据时代，高校图书馆进行红色文化资源的阅读推广很有必要。高校图书馆红色文献如何更好地在新时期思想道德建设中发挥引领作用？红色文献如何在大学生读者心中产生更强大持久的吸引力？红色文献如何在高校图书馆日新月异的现代化建设中产生更积极的影响？答案就是大数据。高校图书馆利用大数据来完成技术创新、管理创新以及内容和形式的创新，能加速图书馆红色文献的阅读推广。

在国外，大数据不仅是一种统计学概念，更是互联网时代创新型经济的代名词，高校图书馆红色文化振兴战略同样需要大数据分析具体的建设内容。国外大数据背景下高校图书馆馆藏红色文化的发展，坚持以维护高校的独特性为核心价值，给予文化文明以敬仰、尊重和保护，以实现图书馆资源的统一管理，以及统筹推进、多元合作的可持续发展。国外图书馆对中国相关红色文献的研究颇少，只有少数国外学者结合中国国情，形成了具有中国特色的毛泽东思想理论体系。在国内，红色文化资源建设得到了可持续发展。高校图书馆作为传承中华优秀文化传统以及开展校园文化活动的重要场所，亦承担着传承红色文化、推广红色文化的重任。在高效率的数据分析技术的支持下，创新型高校图书馆有了先进的大数据技术指导，图书馆馆藏红色文化资源也可以因此而得到可持续发展。目前高校图书馆红色文献资源推广存在推广活动深度不够、资源建设力度不够、阅读合作开展深度和广度不够等问题。高校图书馆应该创新阅读推广形式，对红色文献资源进行合理的常规化阅读推广，加强机构合作，注重红色文化资源的完整性，运用数字人文技术，建立专业研究团队，深入挖掘红色文化的内涵，助力学校教学科研，促进红色文献资源阅读的共建共享。

二、高校图书馆在红色文献的阅读推广中存在的问题

(一)红色文献阅读推广活动深度不够

高校大部分的红色文献阅读推广活动的不足与其他类型的阅读推广活动的不足比较类似。图书馆有些书目推荐的指导意义不是很大，推荐书目也是参考专家学者所荐，由于受众群体层次不一、红色文献本身比较难懂，读者往往觉得难度比较大，理解上存在困难。大部分活动没有实质内容，说服力不大，受活动感染者不多，读者对红色文献的内核并没有产生心理上的较大共鸣。图书馆对红色精神与校园文化结合、与思政教育结合的探索，以及开展更为深入的红色教育阅读推广的工作做得还不够。

(二)高校图书馆红色文献宣传不够

地方高校图书馆红色文献宣传力度不够。例如，咸宁市红色旅游资源丰富，尤其是咸宁文化源远流长，有商周青铜文化、三国文化、革命文化、名人文化、生态文化、鄂南文化等，然而湖北科技学院图书馆、咸宁市职业技术学院图书馆在这方面的馆藏文献并不多。如何增加地区的知名度？如何将红色旅游资源与旅游业进行有效整合，形成系列化的地区文化旅游品牌？如何让地区红色旅游线路实现可自主化、个性化选择？如何更深层次挖掘地区红色旅游产业的文化内涵，促进地区红色旅游产业的进一步繁荣？这些问题都体现了高校图书馆红色文献宣传的重要性。

(三)红色文献资源开发人才、资金短缺

红色文化面临着从业人才和宣传资金短缺的问题。从革命历史文

化资源规划、场馆建设与整合到投入运营的各个环节,都离不开从业人才的精心策划。高校图书馆红色文化从业人员中专家学者少,需要加强领导队伍、研发队伍的建设。资金不足是进一步开发利用红色旅游资源的最大瓶颈。资金不足会导致革命历史文化资源的保护、开发和利用受限,会导致一些创新性设计无法实施,最终影响红色文献阅读推广的效果。

三、高校图书馆红色文献的阅读推广的途径

(一)促进纸质与电子文献的有机融合,让数字化转型"动"起来

高校图书馆可以促进纸质与电子文献的有机融合,推动数字化转型。在开展图书馆工作时,要利用大数据,进行信息化技术、物联网技术、人工智能技术与高校图书馆红色文献的保护、挖掘与利用的深度融合。高校图书馆要充分结合地域特色,抢抓机遇,运用大数据技术,建立图书馆红色文献特色数据库,并派设专业技术人员进行集中管理,采用网络收集、跟踪调查、数据统计、归纳汇总等方式,调整红色文献的纸质书内容或电子产品,展示特色资源,做到与时俱进,保证高校图书馆红色文化资源得到更好的推广。

(二)引入数字人文技术,让红色文化内涵"现"出来

高校图书馆可以利用数字人文技术,深入挖掘红色文化内涵,提升红色文献资源传播效果与互动参与度。高校图书馆利用数据挖掘技术挖掘红色文献的隐性知识,可以将隐藏在红色文献中的散乱的、模糊的信息串联起来,发现革命时期各个历史事件随时间和空间而演变的规律以及历史人物之间错综复杂的社会关系网,全面、真实地再现革命时期的社会经济、政治军事、文化艺术等方面的情况,实现红色文献知识增

值。利用大数据技术对红色文献进行采集并分析数据，对相关数据的网络关系进行整合，将文献馆藏与当地资源进行融合，可以充分结合当地的特色文化和服务，进而融入先进的技术和手段，开阔视野并积极促进红色精神的继承、宣传和推广。

（三）充分发挥合作联动的作用，让资源共享"强"起来

高校图书馆可以利用多种展现方式进行联动共享。例如，在公共场合展示短视频；利用漫画作品、动画片、特别配音等讲述红色故事；利用文化网站建设，借助今日头条、抖音、快手、微信、微博、微视等平台呈现红色故事；将"不忘初心、牢记使命"主题教育等作为相关议题的背景，使观众受到具有地方特色的红色文化的熏陶。加强红色文化研究。加强与知名院校的合作，定期举办红色文化馆际交流会，由高校提供智力支持，对纪念馆提供的文物进行细致研究，深入挖掘其背后的故事。深入开展红色革命传统教育活动。推广"互联网+"模式，利用网络祭扫或网络展示，运用媒体宣传、社会宣传等，给人们创建瞻仰红色革命遗址的虚拟空间，大力开展红色教育进校园活动，并组织征文、作品展、唱红歌、诗朗诵等多种形式的竞赛活动，将党史故事化、故事形象化，让教育内容丰富多彩。高校图书馆还应注重归纳总结与推广应用。在资料整理与实践经验总结的基础上，重点研究红色文献的保护、挖掘与利用，研究对策建议，并撰写综合研究报告，落实成果推广应用工作。充分发挥联动的机制作用，在大数据下实现文化资源的深度挖掘，促进资源共享。人们还应正确突破传统问题的阻碍，尽可能地在各高校图书馆之间形成资源共享的战略联盟。

（四）打造红色资源专题网站，让人文数字技术"高"起来

高校图书馆重视红色品牌网站的管理与建设能带来一系列的正面影响。图书馆借助互联网能更好地宣传馆藏红色文化，更好地挖掘文化中

的内涵，更好地弘扬红色精神，红色网站可以介绍地方红色特色、红色掌故，还能以在线播放影音的形式聚焦大众的目光，这种互动交流的平台不仅有助于增进读者对图书馆红色文化的了解，还能助其更好地传承与弘扬红色精神。人们可以利用文化网站进行建设，借助今日头条、微视、微博、微信、快手、抖音等平台呈现红色故事。高校图书馆可以以红色为主色调进行网站设计，增加警示教育片、红色电影等红色内容，丰富"主题党日+"活动、专题学习、研讨交流的载体和形式，带给用户不一样的感觉。像红色文化网，就能为实现中国梦传播正能量。基层党建文化信息网可以宣扬党建精神。红歌会网站可用于歌唱红歌、弘扬正气。这些都是中国的特色网站，这种新型载体，在我国的网络文化建设和文化强国战略中发挥着无可替代的作用。咸宁市为红色文化资源设计出富有魅力的网站，既能保证网站的可读性又能让资源产品展示显得典雅高端，让人印象深刻。大数据时代，高校图书馆红色文献阅读推广的主要路径、存在的困境和相应的对策研究，可以为图书馆红色文化服务、推广的途径选择提供决策参考依据。

（五）加快培养传播红色文化的数据人才团队，让知识更新"快"起来

不论是开展红色文献阅读推广活动还是进行红色文化资源建设，都需要配有专业的人才。高校图书馆建立红色文化专业团队的途径，一是在校内外招聘考古学、历史学、政治学等社会科学背景的人才，计算机科学、数字人文学科领域人才以及红色文献研究爱好者等从事红色文化研究；二是培养学科馆员，鼓励他们参加红色文献研究的相关会议、培训，提升他们的研究能力；三是吸收其他机构，如革命纪念馆、档案馆、博物馆等机构的专业人员，在团队担任兼职或者指导员，对红色文献研究工作进行指导，从整体上把握研究方向，攻坚克难。要深入挖掘红色文献资源内涵，建设红色文献特色资源数据库，形成红色文化资

源品牌，开展与红色文献相关的课题研究，并加强高校自身师资队伍建设，培养有实际经验和专业知识的专业型技术人才，以解决大数据时代对图书馆红色文化资源管理人才的需求。还要提高红色文化从业人员的思想政治水平，提高他们的专业素养和管理水平。定期组织业务人员开展技能培训，更新知识，提高技能。

高校图书馆可以为红色文化的传承提供人才保障、技术支持、文化传承与创新的途径。人们可以充分借助大数据技术的力量，广泛收集和本土相关的红色文献，采取新的方案对红色资源进行有效的保护和利用，以促进工作的顺利开展。当今社会是以数据为核心的大数据时代，互联网和大数据技术的运用推动了高校图书馆红色资源的共享，提高了红色文化资源的知名度、美誉度、感染力，达到吸引、传播、保护、开发和利用的多重丰收。高校图书馆红色文献的阅读推广是一项具有重要意义的工作。图书馆在红色文献的阅读推广中要充分发挥自身优势，为读者提供更加优质、便捷的阅读服务，推动红色文化的传承与发展。

第七节　推进新农村建设

高校图书馆资源丰富，有中国知网、重庆维普、百度文库、Springer、万方数据、青塔全景云等多个中外文数据库，能够快速检索新农村建设最前沿的信息。高校图书馆的资源可以方便研究者进行文献查阅、资料收集、文档整理工作，让研究者有更多的时间和精力投入核心关键点、技术难题的攻克上，为新农村建设提供科技和智力支持，提供文化、旅游、人才培养等方面的个性化服务，这也能增加农村书屋建设的馆藏资源，为加快社会主义新农村建设而服务。

一、高校图书馆的阅读功能和新农村建设的阅读需求

（一）高校图书馆的阅读功能

高校图书馆在整个社会发展进程中起到了重要作用，它为人类保存了丰富的文化遗产，为师生提供了海量的文献资源和学习场所，将阅读的思想和理念植入人心。高校图书馆为学生提供了优质的学习资源，能辅助学生顺利完成在校期间的学习任务，为毕业生撰写论文进行专题辅导。它传递了科学的信息，为教师的教学和科研提供了特别服务，为学科带头人提供了方便，可以辅助教师进行学术研究。高校图书馆负有一定的社会责任，是社会的重要组成部分，能开展各类社会教育，为社会提供更多的精神食粮，提升人们的文化水平和综合素养。

（二）新农村建设的阅读需求

在乡村振兴工程进行得十分顺利的当下，新农村建设的意义和价值也得到了充分的展现。随着现代化进程的推进和经济的日益繁荣，乡村的各项设施被不断完善，农村建设的成果逐渐凸显，乡村的各项技术跟上了时代的步伐，城镇和农村生活的距离在缩小的同时，农村人也享受到了新农村建设的成果，大部分人过上了幸福的乡村生活。新农村建设需要现代化技术的支持，这项支持来自政府的帮助与扶持。高校图书馆则应发挥自身的优势，培养出综合素质较高的新农村建设人才，为他们提供学习知识、施展抱负、展示自我的平台，鼓励他们为农村提供相应的智力支持，将所学知识用在农村，让那些拥有现代化技术知识的人发挥奉献精神，心甘情愿留在农村、发展农村、建设新农村。

二、乡村振兴视域下高校图书馆建设的现实状况

（一）高校图书馆馆藏资源丰富，但农村题材的资料较少

随着社会经济的发展和高校图书馆自身的建设，图书馆的馆藏资源越来越丰富，涉及经济、政治、文化、医药卫生等各个领域。高校图书馆实现了纸质、电子资源一体化管理，形成了一个将图书馆设备、纸电资源、师生和馆内工作人员等各方联系到一起的智慧化服务生态圈。但图书馆受传统的影响，农村题材的馆藏资料较少。长期以来，图书馆的职能主要是为师生提供学习的场所，服务的对象主要是在校师生，图书馆只是有选择性地购买新农村建设方面的资料，这些资源也不是图书馆选购的重点。

（二）高校图书馆提供的社会化服务较少

高校图书馆借阅归还图书有一套严密的管理系统，学生需要刷卡或通过自助预约系统来操作借还图书等一系列手续。年轻的学生对于这套流程十分熟悉，但校外读者，特别是乡村读者，对这一套较烦琐的预约系统并不熟悉，一系列不熟悉的操作会影响读者借阅的心情，降低读者学习的效率。

（三）高校图书馆所组织的与农村工作紧密相关的活动较少

高校图书馆为大学生和老师服务，组织的活动丰富多彩、形式多样，像大学生朗诵赛、百科知识竞赛、书画比赛、数据库培训、馆员风采大赛等，但与新农村建设紧密相关的活动少之又少。图书馆借阅书架上可以为农村建设提供有价值参考和理论支撑的书籍，平时也很少有人翻看。电子书阅读方便，成本更低，内容也更丰富，电子化阅读为农村建设工作者带来了方便，影响了一批力求上进的技术人员，然而对低层

次读者作用不大。农村人能力和水平有限，对电子化阅读操作不够熟悉，他们更愿意、更习惯于阅读现成的纸质版读本。而农村建设方面的纸质书本来就少，要改变低层次读者的阅读习惯，还有一段相当长的路要走。

三、高校图书馆阅读推广与开展新农村阅读活动的逻辑关系

（一）高校图书馆为新农村建设提供理论支撑

开放、平等服务是高校图书馆始终坚持的理念，为新农村建设服务是对开放、平等理念的最佳诠释，新农村建设需要社会的关注和支持，需要丰富的文献资源，需要大量的信息咨询服务，而高校的核心和灵魂就在图书馆，图书馆可以助力农村进行政治、经济、文化等方面的建设，帮助其达到建设经济繁荣、设施完善、环境优美、文明和谐的社会主义新农村的目标。高校广大师生可以在图书馆吸收知识、经验和教训，及时总结并合理运用所学来指导和参与新农村阅读活动的开展。

（二）高校图书馆为新农村建设输送阅读推广方面的优秀人才

人是万物的尺度，人才是新农村建设发展的动力之源。新农村阅读活动的开展离不开人才。在新农村建设中，高素质的阅读推广人才是较欠缺的。高校图书馆是培养阅读人才的场所，能针对新农村建设的需求开设相应的人才培训科目，根据新农村建设的需求，指导学生阅读、写作、学习，使其在毕业后成为新农村阅读推广建设服务的骨干力量。

（三）高校图书馆为基层农村干部提供阅读培训机会

高校图书馆可以为基层农村干部提供良好的阅读学习平台，也能为他们提供阅读培训的场所。高校图书馆可以借助自身优势，为新农村建设的一线工人提供优质的阅读讲座、纸质读本和电子资源，帮助他们提

升基础知识和实践技能，促进他们综合素养的提升。图书馆还可以帮助人们有针对性地遴选、培养业务骨干和后备干部，培养出老中青合理搭配的人才队伍，帮助实施中层干部培养与职业发展计划，不断健全农村干部选拔任用的激励、监督考核机制。

（四）新农村建设为高校学子提供了创业的舞台

我国是一个农业大国，随着新型城镇化建设和新农村建设的不断深入，城乡经济的距离在不断缩小，农村为高校学子提供了施展才华的广阔舞台，高校学生回到农村有更加广阔的天地，能将理论与实践紧密结合。让更多的高校学子在农村去开辟自己的事业，能带动农村阅读事业的发展，也缓解了高校毕业生的就业压力。

四、发挥高校图书馆对新农村建设作用的路径

（一）增加新农村建设的阅读资源

高校图书馆若有大量的新农村建设的纸本、电子资源，就不仅能给在校学生提供关于农村建设的知识，还会吸引在新农村建设一线服务的社会工作者来学习。农村建设者需要用知识来武装自己的头脑，需要借助图书馆进行知识的更新。图书馆购置农村图书的费用每年需以一定的速度增长，数据库的数量应按需增加，基本覆盖教学科研、学生学习、就业创业、思政建设、书香校园建设、艺术熏陶等方面，基本满足教学、科研、乡村建设发展等方面的要求。乡村图书室也可以开通手机图书馆、微信公众号，提高图书室资源的利用率。高校图书馆与对口乡村图书室可以通借通还，共享部分资源。高校图书馆正在向以云平台、大数据等高新智能技术为依托的智慧图书馆平台逐步过渡，逐步实现"纸电同步"、乡村建设技术智能化发展。

（二）举办与新农村建设相关的图书馆读者服务活动

图书馆可以拓展科技情报服务，与兄弟图书馆开展联合查收查引、文献传递等工作，并提供科研选题挖掘和前沿态势分析培训服务。高校图书馆可以向社会读者提供服务。例如，将高校图书馆进行重新定位，吸引广大社会人员进入图书馆查阅资料或阅览书籍，为他们提供便捷服务。图书馆每层走廊可以添置休憩座椅、励志文化墙，读者进馆即可感受到浓郁的文化气息。高校图书馆可以组织与新农村建设相关的活动，如与新农村建设相关的书籍展览，新农村建设多年来相关成果展览，新农村建设美术作品展、书画作品展，新农村建设人才肖像展等，还可以举办发展新农村经济的相关讲座，以"世界读书日"和"优质服务月"品牌文化平台为依托，联合学工处、团委、宣传部、学院、学生志愿者团队、图书馆"悦阅"读者协会等单位，组织开展各类以乡村为主题的阅读推广活动，在全校形成走近书籍、走进乡村、崇尚阅读、涵养文化的良好学习环境和氛围。

（三）加强高校图书馆的体制建设与管理

大数据技术是21世纪最具时代性的技术之一，随着高校图书馆电子设备的高端化和智能化，校内师生读者出入图书馆变得更加方便，学习阅读变得更加高效。但校外的乡村读者并不熟悉图书馆的一套服务模式，高校图书馆在积极为他们办理借阅证的同时，需要为他们提供恰当的人工服务。为进一步理顺工作流程，强化内控机制，激发工作人员的工作积极性，图书馆出台、修订了一系列制度和管理办法，如制订了《图书馆考勤管理办法》《奖励性绩效工资分配方案》《图书馆岗位管理和绩效考核方案》《图书馆资产管理办法》《图书馆资源采购管理办法》等，为乡村图书室的发展提供了借鉴。

（四）加快"校地共育"公益行动的进程

为积极响应党的二十大精神中关于"提高全社会文明程度""深化全民阅读活动"的号召，共同打造图书馆阅读推广特色项目公益行动，高校图书馆开展了校内招募培训活动，并启用在校学生担任阅读推广人，使其在寒暑假或社会实践时间以文化志愿者身份参与乡镇全民阅读主题推广活动。这样可以增强学生的社会使命感和责任感，支持和鼓励他们参与社会实践，进一步激发其学习热情。活动中图书馆要做好公告发布、读者招募、媒体宣传、活动场地准备等基础工作，支持并购置开展活动所需要的物资，协调图书馆设施、图书资源、设备资源和精干工作团队支持项目开展。图书馆在致力助推学校的教学、科研、学科建设和文化传承的过程中，取得了明显成效，实现了图书资源、数字资源、阅读活动策划与实施、学术研究等方面的高质量共同发展。理论来自实践，在新农村建设实践中，高校师生要不断研究，再研究，实践，再实践，不断吸取新农村建设的经验和教训，不断积累课题的素材，开展乡村发展课题研究。

（五）加大阅读推广人才队伍建设

坚持以队伍建设为杠杆，撬动图书馆战略转型。高校要主动对标《普通高等学校图书馆规程》要求，坚持专业工作人员、辅助工作人员、管理人员三支队伍协调发展的思路，科学设置图书馆各类岗位的数量，通过培养、引进、交流等多种途径，努力打造一支素质优良、结构合理、业务精湛、敬业高效的队伍，锻造一支政治素质好、业务水平高、管理能力强、群众威信高的管理队伍，定期向乡村输送管理和专业技术人才。乡村图书室要逐步完善人才队伍的年龄结构和学历结构，通过人才引进、合同工招聘等渠道，力争每两年吸纳的本科生或专科生总数不少于一人。立足内部挖潜，通过专业培训、部门跟训、研讨、代职等形式、分阶段、分批次地对新进职工和青年职工开展能力提升培训，提高工作人员业务技能，推动图书馆的内涵式发展。乡村图书室要结合个人学、集中学和外出学，提升图书馆工作人员的业务能力。

在高校图书馆的阅读推广走进新农村建设的过程中，人们应充分发挥高校图书馆对新农村建设的助推作用，这是高校图书馆在改革中的一项重要职责。高校图书馆管理人员要积极建言献策，发挥出应有的价值。新农村建设是一个长期而艰苦的过程，需要不断地发展和完善。高校图书馆应建立优秀人才引进机制和馆员的再教育、再培训机制，提升工作人员的素养和业务能力，图书馆人须不断总结经验教训，促进新农村建设的高速发展。

第八节　提高图书馆资源的利用效率，实现针对性图书推广

一、提高图书馆资源的利用效率

根据读者的需求，高校图书馆应合理采购图书、期刊、数据库等资源，确保资源的针对性和实用性。图书馆应制订科学合理的采购计划，明确采购的目标、重点和预算，以及具体的采购流程和时间安排。在采购图书等资源时，图书馆应该注重图书馆的品种和质量，尽可能地覆盖各个学科和领域。高校图书馆可引入优秀的出版社、专家学者所给出的参考意见，提高采购的准确性和针对性。图书馆应该积极探索采购渠道的多元化，在招标网、联合采购点、二手书市场、互联网平台等处获取更丰富的图书信息。

做好读者调研和反馈。高校图书馆应针对高校读者的阅读需求、阅读习惯和满意度等，设计调查问卷。调查问卷应包含多个方面的问题，

如读者对图书馆资源、服务的评价,对阅读推广活动的反馈等。图书馆负责选择线上或线下的调查方式,根据实际情况选择最合适的进行调查。如果选择线上,就利用专业的在线调查平台或社交媒体进行传播和推广,并组织图书馆工作人员或学生志愿者开展调查工作,确保调查的准确性和完整性,也要注意保护读者的隐私和数据安全。图书馆要对收集到的数据进行整理和分析,了解读者的阅读需求、阅读习惯、满意度等情况。图书馆可以利用数据可视化工具或表格来呈现数据,以便更好地理解和分析数据,并将调查结果和分析结果及时反馈给读者和相关人员,以便及时调整和改进工作。

调整图书馆藏书结构。高校图书馆应根据读者的阅读兴趣、知识需求等,将书籍进行更为细化的分类,让读者能快速准确地找到所需书。图书馆应在传统的分类基础上,引入主题分类方式,将相关主题的书放在一起,方便读者按照主题进行查阅。图书馆可以借助智能化技术,对书进行自动分类,提高分类效率,还可以利用机器学习、自然语言处理等技术,对书的内容进行分析和分类,减轻图书馆工作人员的工作负担。图书馆要及时更新和淘汰一些过时或没必要保存的书,要不断引进新书,丰富图书馆的馆藏资源。

提供资源导航服务是图书馆进行阅读推广的重要措施之一。图书馆提供的联机公共目录(online public access catalog,OPAC)检索系统,可以方便读者查询图书馆的图书、期刊等资源。OPAC 系统应具备基本的检索功能,如关键词检索、作者检索等,也要提供高级检索功能,如限定检索范围、组合检索等。图书馆应建立导航系统,包括图书馆的布局、图书分类体系、书架布局等信息,并提供相应的检索技巧和阅读指南,帮助读者快速找到所需资源,以便读者更加高效地利用图书馆资源。图书馆应该提供数字化资源导航服务,帮助读者获取数字化资源,包括电子图书、电子期刊、数据库等,也要提供相应的检索方法和下载途径。

第五章　高校图书馆全民阅读推广的策略与方法

　　加强信息素养教育是图书馆阅读推广的重要任务之一。图书馆开设信息素养教育课程，可以帮助读者掌握基本的检索技巧和信息评价方法。图书馆可以定期举办培训讲座，如针对某个学科领域的文献检索和评价技巧举办讲座，以便读者更好地了解和掌握相关技能。图书馆可以组织读者参观图书馆、向读者演示检索流程等，以便读者更好地掌握相关技能。图书馆应建立信息素养教育资源库，包括相关图书、期刊等资源，以便读者深入学习和了解相关领域的知识和技术。图书馆可以将这些资源放在图书馆网站、移动 APP 等平台上供读者使用。

　　提供多种资源获取途径，建立资源共享平台。高校图书馆可以提供在线阅读、下载、打印、扫描等服务，方便读者根据自身需求获取资源。图书馆可以开通馆际互借服务，向其他图书馆借阅相关资源，以满足读者的需求。图书馆可以提供移动阅读服务，如在移动 APP、微信公众号上提供电子图书、期刊等资源的阅读和下载。高校图书馆可与其他高校图书馆或相关机构建立资源共享平台，如数字资源库、文献传递系统、移动阅读 APP 等，实现资源的互通和共享，提高资源的利用效率。高校图书馆可借助共享平台，组织馆际间的资源共享，互相借阅、租用相关资源。这种共享方式降低了图书馆的采购成本，提高了资源的利用效率和普及率。

　　定期评估资源利用效果是图书馆阅读推广的重要环节之一，能帮助图书馆了解资源的利用情况，判断利用资源的可行性和可持续性，更好地优化资源配置。高校图书馆应设立专门的评估小组，负责定期评估资源的利用效果。评估小组由图书馆的工作人员和相关领域的专家组成，以确保评估的准确性和客观性。评估小组可以制订详细的评估计划，包括评估的时间、内容、方法和标准等。评估计划应结合图书馆的实际情况和读者的需求，以确保评估的有效性和实用性。评估小组应收集和分析数据，包括借阅量、访问量、下载量、读者反馈，以了解资源的利用情况和读者的需求。评估小组最后要根据收集的数据进行综合评估，判断利用资源的可行性和可持续性。

　　提高阅读推广的服务质量是图书馆的重要任务之一，高校图书馆通过调查、交流和反馈，可以了解用户对阅读推广服务的需求和偏好，针对不同的用户群体，提供符合他们需求的阅读推广活动和服务。图书馆可以根据用户需求，精心策划各种阅读推广活动，如讲座、研讨会、读书俱乐部、作家见面会等。在策划活动时，要注重活动的主题、内容、形式和时间等，以提高用户的参与度和满意度。高校图书馆应利用网站、社交媒体、宣传栏、电子邮件等各种渠道，宣传阅读推广活动，还可以根据用户的阅读历史、兴趣爱好和需求，为其提供个性化的阅读推荐服务，帮助读者找到更多符合他们需求的书和资源，提高其阅读满意度。图书馆应加强信息化和数字化建设，提供更加便捷的检索、借阅和下载等服务，还可以借助大数据、人工智能等技术手段，对用户的阅读行为进行分析和预测，为优化个性化推荐等服务提供支持。

　　鼓励读者参与是图书馆阅读推广的重要策略之一，让读者更加深入地了解图书馆的资源和服务，能帮助图书馆更好地了解读者的需求和反馈。高校图书馆的阅读推广应从每年秋季入学的新同学入手，人文素质和科学素养教育，则是推广活动的重中之重。目前在校的大学生，大多将在10年左右之后为人父母，肩负起教育儿女的家庭重任。当今大学生如果不能依靠在读院校图书馆的丰富文献资源，把自己及时转型为有文化素质和人文素养的读书人，在未来又如何能够胜任教养儿女的天职呢？图书馆鼓励大一新生读者参与阅读推广十分有必要。图书馆应该建立读者反馈机制，如用问卷调查、在线留言等方式收集读者的反馈意见，包括对图书馆资源、服务、环境等方面的评价和建议，以便更好地了解读者的需求和改进方向。高校图书馆在制订采购计划、改进服务方案时，可以邀请读者参与决策过程。图书馆可以建立社交媒体、线上论坛等读者社群，以便与读者进行互动和交流。

二、实现针对性图书推广

高校图书馆要想实现有针对性的图书推广，就要观察读者的购书行为和阅读习惯。读者在实体书店或者在线书店的购书行为，在社交媒体上分享的阅读内容，读实体书、在线阅读等阅读行为，都能反映出他们的阅读偏好和需求。在观察读者的评价和反馈的过程中，图书馆可以了解到他们对书的满意度，对哪些主题和类型感兴趣，图书馆哪些方面需要改进等。在大量的网络调查和实地访问中，图书馆可以发现年轻的学生可能更倾向于阅读与学业相关的书籍，而职场人士则可能更关注自我提升和职业发展方面的书籍。高校图书馆工作人员推广全民阅读时，一方面要不断推出新书、举办读书活动，以吸引读者的注意力，引导他们尝试新的阅读主题和图书类型；另一方面要利用发表书评、推荐书单等方式，向读者介绍经典作品和有价值的书籍。

高校图书馆在分析读者的借阅数据、搜索记录、阅读时长的过程中，可以了解读者的阅读偏好、阅读习惯和阅读需求；在分析书的借阅次数、借阅量、预约次数等数据的过程中，可以了解哪些书最受欢迎，以及哪些书的利用率最高；在分析书籍学科分类的过程中，可以了解读者对哪些学科最感兴趣；在分析每年借阅量的过程中，可以了解图书馆的年度借阅趋势；在分析读者反馈数据的过程中，可以了解读者对图书馆服务的质量评价、图书馆活动的参与度等。

高校图书馆在选择推广图书时需要考虑多方面的因素，先要考虑图书的内容是否符合目标读者的需求和兴趣。如果目标读者是儿童，就应选择一些适合儿童阅读的绘本、故事书等。图书馆选择推广图书时，还要考虑图书的质量是否过硬，包括文字质量、印刷质量、装帧设计等。高质量的图书可以提升读者的阅读体验，增加读者的信任度和满意度。图书馆在选择推广图书时，应优先考虑一些知名作者的作品，这些作者往往具有较高的知名度和较大的影响力，他们的作品更容易引起读者的关注和兴趣。图书馆在选择推广图书时，还应考虑到书籍的类型，如博采小说、传记、历史读物、科学普及读物、艺术读物等。选择推广图书时，也要考虑图书的价格是否合理，价格过高的书可能会让读者望而却步，而价格过低的书则可能会让读者对图书的质量产生怀疑。图书馆选择推广图书时需要考虑目标读者、图书内容、质量、作者、类型和价格等多个因素，在综合权衡后选择最适合推广的图书。

高校图书馆可以利用统计阅读推广内容的阅读量来了解读者对推广内容的关注度和兴趣，阅读量越大，说明推广效果越好。图书馆可以从统计推广内容在社交媒体上的互动量上，如点赞、评论、分享等，了解到读者对推广内容的态度和反馈，互动量越大，说明推广效果越好。图书馆可以统计推广内容的转化率，如购买、注册、下载等，并从中了解到推广内容对读者行为的影响和转化效果。图书馆在了解了读者对推广内容的评价和反馈，以及推广内容的质量和口碑之后，可以观察推广内容在一段时间内的持续性，并借此了解推广内容的影响力和生命周期。

高校图书馆在评估阅读推广效果之后，如果发现推广效果不是很理想或者需要进一步提升，就应该调整推广策略。图书馆优化推广渠道时，应选择更符合目标读者的渠道进行推广，并调整推广时间，选择更符合目标读者时间安排的时段进行推广。图书馆提高推广频率，如增加广告投放次数、增加文章更新频率等，可以让读者更频繁地接触到推广内容，提高他们的关注度。图书馆需改进推广形式，如采用短视频、直播等形式进行推广，并加强口碑传播，利用读者的评价和反馈来增加其他读者的满意度。

第九节 优化阅读环境，扩大阅读推广活动的覆盖面

一、优化图书馆阅读环境

高校图书馆应提供数量充足的阅读座位，以满足读者的需求。座位数量根据图书馆的规模和用户数量进行安排。阅读座位的布局要合理。考虑到读者的阅读习惯和舒适度，可以将座位分为单人座、双人座和多人座。座位的坐垫应该舒适，使用符合人体工程学的坐垫，以提高舒适度。座位的高度应该适中，太高或太低的座位都可能影响到读者的舒适度和阅读体验。

高校图书馆应该尽可能地减少噪声，为读者提供一个安静的阅读环境。图书馆应在馆内设置明显的标识和提示，提醒读者保持安静，并使用软装装饰减少噪声和干扰，提高图书馆的舒适度和品质感，还应合理规划空间，将阅读区与活动区、借阅区等分开，减少读者相互之间的干扰。图书馆要合理安排开放时间和管理时间，避免在高峰期或繁忙时段出现拥挤和喧闹的情况。图书馆应采取限流措施或分时段开放等措施，并播放柔和的音乐，使用照明和装饰，营造一个宁静、舒适的氛围。

高校图书馆应利用自然采光，如设置大窗户、高窗台等，为读者提供充足的光线，营造明亮舒适的阅读环境。图书馆应使用灯具或其他照明设备对阅读区进行均匀照明，提高阅读舒适度，照明的色温应该适宜，一般采用柔和的白光或暖光，以减少对眼睛的刺激。对于特定的阅读区域或书籍类型，可以设置局部照明，如使用阅读灯或书桌灯等。照明设备应该避免产生眩光，应使用合适的灯罩、反射板或遮光罩等来减少眩光的影响，也可以使用高效节能的 LED 灯或其他绿色环保的照明设备。

高校图书馆在布置书架和阅读区域时，先要明确图书馆的主要功能分区，如阅读区、借阅区、活动区等。这些区域应该相对独立，避免相互干扰。图书馆在布局书架和阅读区域时，应该考虑人流动线，让用户能够方便地到达自己要去的区域。图书馆可以将书架按照主题或类别进行排列，方便用户查找，可以使用多层书架、角落空间等来存放书籍，也可以使用多功能家具来提高空间利用率。图书馆在布局书架和阅读区域时，应该创造舒适的阅读环境。图书馆应该为读者提供电源插座和网络连接，方便读者使用电子设备进行学习和研究。图书馆应设置多媒体阅读区，提供音频、视频等多媒体资源，以满足读者的需求。

高校图书馆要定期对各项设施进行检修，包括书架、座椅、灯光、空调等，及时发现和修复设施的问题和隐患，确保设施的安全和正常运行。图书馆应根据需要更新图书馆的各项设施，以提高用户的阅读体验和满意度。图书馆应更新座椅、书架、电脑等设备，使其更加符合用户的需求和时代的发展。为了方便不同人群，图书馆应该增加无障碍设施，如轮椅通道、低位书架、残疾人专用设备等。

高校图书馆应建立维护计划。图书馆要定期进行各项设施的检修、保养和更新。图书馆应根据设施的使用频率和特点，合理安排维护的时间和频率，确保设施的正常运行和长期使用。图书馆应该培训员工，让工作人员了解如何正确使用和维护设施。图书馆可以组织培训课程或提供操作手册等资料，提高工作人员的技能和知识水平。图书馆应该记录维护数据，包括检修记录、更新记录等，这些数据可被用于评估设施的使用情况和维护效果，为制订未来的维护计划提供参考。

高校图书馆工作人员应该提高服务意识，以读者为中心，关注读者的需求和反馈。图书馆应定期对工作人员进行培训和考核，提高其服务水平和专业素养，还应优化借阅流程，简化借阅手续，提高借阅效率，这些都是提高读者满意度的重要措施。图书馆应引入现代化的管理系统和技术手段，提高借阅流程的便捷性和效率。图书馆应开展定制化的阅读推荐、专题讲座、读书活动等，满足读者的个性化需求。图书馆应加强宣传教育，通过网站、社交媒体、宣传栏等多种渠道，向读者宣传图书馆的资源和服务，提高读者的知晓率和参与度。图书馆还应进行问卷调查、组织读者座谈会，了解读者的需求和反馈，及时改进服务和管理。

二、扩大阅读推广活动的覆盖面

图书馆可以利用新媒体平台，如微信公众号、微博、抖音等，开展线上线下阅读推广活动，扩大覆盖面。图书馆应积极寻找合作伙伴，如教育机构、公共图书馆、社区组织、企业等，与之共同举办推广活动，扩大活动的影响力和覆盖面。图书馆可以针对不同人群进行定向推广，如儿童、青少年、成年人、老年人等，根据他们的需求和兴趣，制订专门的阅读推广计划。图书馆活动不应仅仅限于传统的读书会、讲座等形式，还可以举办一些更富创意的活动，如阅读主题的音乐会、舞台剧、展览等，吸引更多人参与。图书馆可以利用科技手段，如虚拟现实、增强现实等，为读者提供丰富的阅读体验，开发易于使用的电子书和有声书平台，吸引更多人的注意力。

制订系统的阅读推广人才培训计划，包括培训课程、实践项目和导师制度等内容。在专业的培训中，图书馆应帮助人才掌握阅读推广的理论知识、技能和方法，有阅读推广专业背景的工作人员是担当图书馆阅读推广人的不二之选。但在实际工作过程中，既不能一味期待工作人员经历过包含阅读推广内容的学历教育，也不应忽视那些有阅读推广热情，愿意参与阅读推广工作、为阅读推广事业做贡献的工作人员。因此，图书馆应让从事阅读推广工作的工作人员，通过各种渠道，包括单位组织和自我学习等，获取阅读推广的专业知识，并学会将之应用在自己的工作中，进而产出并运用研究成果，更好地指导自己的实践。图书馆应注重培养具有多样化背景的阅读推广人才，包括不同年龄段、文化背景和专业领域的人才，以更好地满足不同群体的阅读需求，并提高阅读推广活动的多样性和包容性。图书馆应为阅读推广人才提供实践机会，让他们参与真实的阅读推广项目和活动，让人才在实践中积累经验，不断提升能力和创新思维，更好地应对各种阅读推广挑战。图书馆应鼓励阅读推广人才持续学习，并为其提供学习资源和学习机会，如参加学术会议、研讨会、工作坊等，让人才不断更新自己的知识和技能，与行业发展保持同步。

第十节 加强与政府的联动，建立阅读推广团队

一、加强与政府的联动

高校图书馆可以与政府、企业、学校等机构建立合作关系，提供阅读资源和服务，共同开展阅读推广活动。在政府和企业中设立图书馆分馆，提供阅读资源和服务，可以为企业和学校提供定制化的阅读资源和培训服务。高校图书馆应引导社会力量参与图书馆建设，如接受社会捐赠、设立公益基金等，为自身发展获得更多的资源和支持。高校图书馆可以提供社会化阅读服务，如为企业、学校、社区等机构提供阅读资源和服务，推广阅读文化。

政府应制定全民阅读政策法规，明确图书馆在全民阅读中的地位和作用，规定图书馆的职责和义务。这些政策法规还应该包括政府对高校图书馆在图书馆建设、资源保障、服务提升等方面的支持和鼓励措施，为图书馆推广全民阅读提供制度保障。政府应该加大对图书馆的建设与投入力度，提高图书馆的硬件设施和软件服务水平，加强图书馆的经费保障，确保图书馆的正常运转和全民阅读工作的开展。政府应完善图书

馆管理体制，加强对图书馆的规范管理，加强对图书馆的监督和评估，确保图书馆的服务质量和全民阅读工作的效果。政府应该加强阅读宣传与教育，提高全民的阅读意识和阅读能力，建立阅读奖励机制，鼓励读者积极参与全民阅读活动。政府应积极营造良好的阅读文化氛围，让更多的人能够感受到阅读的魅力和价值。政府可以在城市中建设读书公园、读书角等场所，为市民提供舒适的阅读环境，还可以举办读书节、读书周等活动，提高市民的阅读热情和参与度。政府应该发掘社会资本，保障全民阅读工作的顺利开展。

二、建立阅读推广团队

政府应该培养一支专业的全民阅读推广人才队伍，负责推广全民阅读活动和服务，这支队伍应该具备专业的阅读推广技能和知识储备，能够胜任全民阅读推广工作。高校图书馆建立阅读推广团队是联动图书馆与社会，促进全民阅读的重要措施之一。高校图书馆要招募一批有热情、有责任心的志愿者或工作人员，组成阅读推广团队。团队成员应具备与阅读推广相关的知识、技能和经验，能够胜任阅读推广工作。阅读推广团队应该制订详细的推广计划，包括推广目标、推广活动的内容和形式、时间安排等，计划应该结合图书馆的实际情况和读者的需求，具有可操作性和可评估性。阅读推广团队应该接受相关的培训，包括阅读推广的基本理论、实践技能、营销策略等，不断提高团队成员的素质，以更好地开展阅读推广工作。阅读推广团队应该组织读书会、作家讲座、阅读比赛等各种形式的阅读推广活动，还应该通过社交媒体、宣传单、海报等各种渠道宣传和推广阅读活动和图书馆的资源。

高校图书馆需要提高阅读推广团队的阅读积极性。图书馆应制订详细的阅读计划，包括阅读的目标、内容、时间安排等，让团队成员了解阅读的重要性和意义，这一计划也能够指导团队成员的阅读。高校图书馆可以提供丰富的阅读资源，包括纸质书、电子书、数据库等，让团队成员方便地获取所需的阅读材料。图书馆应建立奖励机制，对在阅读推广工作中表现优秀的团队成员给予一定的奖励和表彰，激励他们更加积极地参与阅读推广工作。图书馆还可以提供相关的培训，如阅读推广技能培训、文学鉴赏培训等，帮助团队成员提高阅读素质和能力，更好地开展阅读推广工作。

第六章　高校图书馆全民阅读推广经验与展望

第一节　高校图书馆全民阅读推广的经验总结

一、高校图书馆全民阅读推广的成功案例

北京大学图书馆开展的"新生图书馆导引"活动，为新生提供了图书馆资源与服务介绍、图书馆使用指南等，帮助新生更好地了解和使用图书馆资源。北京大学图书馆开展的读书节活动，有经典图书推荐、读书分享会等，提高了图书馆在校园文化建设中的地位，推动了校园文化的繁荣和发展。

南京理工大学图书馆以"读书节"活动为契机，开展了"阅读推广进课堂"活动。南京理工大学图书馆将阅读推广与课堂教学相结合，旨在激发学生的阅读兴趣，提高学生的阅读素养，营造浓厚的校园阅读氛围。南京理工大学图书馆开展的"阅读推广进课堂"活动，达到了以下效果：一是激发了学生的阅读兴趣，提高了学生的阅读素养；二是营造了浓厚的校园阅读氛围，推动了校园文化建设；三是增强了图书馆的服务功能和影响力，提升了图书馆在学校中的地位和作用。

上海交通大学图书馆开展的"交大记忆"系列活动，挖掘了学校的

历史文化资源，让学生了解了学校历史和文化。该馆开展的经典图书推荐、读书分享会等"读书节"活动，很好地引导了学生，激发了他们阅读经典、传承文化的热情。

浙江大学图书馆利用"悦读节"活动，开展了经典图书推荐、读书分享会、阅读征文比赛等形式多样的阅读推广活动，引导学生尽情阅读，畅快阅读。浙江大学图书馆还开展了以信息素养教育、数字资源推广为主要内容的"知识服务周"活动，提高了学生的信息素养和数字素养。

成都图书馆的"图书馆之夜"和"成图·阅读+"活动创建了阅读推广活动品牌和公共文旅服务品牌项目，充分利用了场馆资源，成功吸引了广大市民参与夜间文化和阅读活动，创设了良好的夜间文化消费新场景，并使之成为市民夜间文化生活的新热点。

河南大学图书馆也在全民阅读推广中开展了多项活动，包括读书俱乐部、阅读分享会、阅读竞赛等，还利用微信公众号等平台进行宣传，吸引了众多读者参与。读书俱乐部活动以经典名著为主，通过导读、讨论等引导读者深入阅读；阅读分享会邀请师生分享自己的阅读经历和感悟；阅读竞赛则以知识竞赛的形式激发读者的阅读兴趣。这些活动不仅提高了读者的阅读兴趣和阅读能力，还促进了学术交流和校园文化建设。

湖南师范大学图书馆在全民阅读推广中注重数字化阅读和移动阅读的推广，利用移动图书馆APP、电子书数据库，为读者提供了便捷的数字化阅读服务。该图书馆开展了多种形式的线下阅读推广活动，如读书俱乐部、阅读分享会、作家讲座等，吸引了众多读者参与。这些活动不仅提高了读者的阅读兴趣和阅读能力，还推动了数字化阅读和移动阅读的发展。

西安电子科技大学图书馆在全民阅读推广中注重创新性和科技性，利用智能机器人、虚拟现实等技术手段，为读者提供了更加智能化和现代化的阅读服务。该图书馆开展了多种形式的线下阅读推广活动，如读书俱乐部、科技阅读季等，吸引了众多读者参与。

高校和地方图书馆在全民阅读推广中的实践案例多种多样，各具特色。这些案例，有的注重经典名著的导读和讨论，有的注重数字化阅读和移动阅读的推广，有的注重科技创新和校园文化建设。这些实践案例的成功经验可以为其他高校和地方图书馆提供借鉴和参考，推动全民阅读推广工作的深入发展。

全民阅读推广的成功经验有很多，以下是读书月精彩活动案例。

深圳读书月是一项由深圳市委、市政府举办的读书活动，自2000年起每年11月1日至11月30日举办。该活动的宗旨是营造书香社会，保障市民文化权利，以"阅读·进步·和谐"为主题，致力提升市民素质，建设学习型城市。深圳读书月每年都要举办数百项读书文化活动，包括经典诗文朗诵会、年度十大好书评选、领导荐书、诗歌人间、中小学生现场作文大赛、书香家庭、赠书献爱心、绘本剧大赛、青工阳光阅读、手机阅读季等知名品牌活动。这些活动不仅丰富了市民的文化生活，还提高了他们的阅读兴趣和文化素养。深圳读书月的影响力近年来逐渐扩大，已经走进千家万户，成为深圳市民的文化庆典和城市的文化名片。它推动了全民阅读，也促进了城市文化的发展和繁荣。

江苏书展是一个由江苏省委宣传部指导，江苏省新闻出版局、江苏省文化和旅游厅等部门共同主办的大型图书展览活动。江苏书展在每年的7月举办，通常在苏州国际博览中心和全省各地市分展场举行。江苏书展以"阅读新时代，奋进新征程"为主题，致力推广全民阅读，促进文化交流，提升江苏省出版业的水平和影响力。在书展期间，来自全国各地的出版社、书店、图书馆等机构会参展，展示和销售各种类型的图书，包括文学、历史、哲学、艺术等各个领域。江苏书展每年有数百万名读者前来参观和购买图书，其中不乏一些重量级嘉宾和知名作家。书展期间，除了展示和销售图书，还会开展众多文化活动和讲座，如新书发布会、签售会、讲座、论坛等，为读者提供更多的文化体验和交流的机会。江苏书展已经成为江苏省一项重要的文化活动，也是全国出版业的重要交流平台之一。通过江苏书展，读者可以更好地了解和接触到各种类型的图书和文化产品，同时江苏书展能够促进江苏省出版业的发展和文化交流。

北京书展是中国最大的图书展览之一，也是亚洲国际化程度最高的书展。它每年举办一次，通常在春季或秋季举行，为期一周左右。北京书展致力推广全民阅读，旨在推动全国范围内的阅读文化发展和建设。北京书展的参展机构包括国内外的出版社、书店、图书馆等，展示和销售各种类型的图书和文化产品。在书展期间，还有众多文化活动和讲座，如新书发布会、签售会、讲座、论坛等，为读者提供了更多文化体验和交流的机会。北京书展的展馆设施完备，交通便利，吸引了数万名读者前来参观和购买图书。书展不仅展示了中国出版业的水平和实力，还促进了国际图书机构的文化交流和合作。北京书展也是推广阅读文化的重要平台，对于提高全民阅读水平和文化素养起到了积极的推动作用。

杭州读书节是一个由杭州市政府主办的大型读书活动，每年4月23日至5月23日举行。该活动的宗旨是倡导全民阅读，推动城市文化发展，以"书香杭州，阅读成长"为主题，旨在激发市民的阅读热情，提升市民文化素养。杭州读书节每年都要举办数百项活动，包括经典诵读、新书发布会、讲座、展览、亲子阅读等，涵盖了文学、历史、哲学、艺术等各个领域。这些活动不仅为市民提供了丰富的阅读体验和交流平台，还促进了城市文化的发展和繁荣。杭州读书节注重营造浓厚的读书氛围，让市民在各种形式的阅读活动中了解城市历史和文化，提升自身素养。该活动也致力推动杭州全民阅读的氛围营造和发展，让阅读成为市民生活中不可或缺的一部分。在过去的几年间，杭州读书节已经成了杭州市民的文化庆典和城市的文化名片。通过利用丰富多彩的活动来吸引社会读者的参与，杭州读书节为推动全民阅读和建设学习型城市做出了积极的贡献。

浙江农民读书节是针对农民读者而开展的阅读推广活动。浙江农民读书节是浙江省的文化节日，旨在推动全民阅读，特别是鼓励广大农民积极参与阅读活动，提高他们的文化素养和综合素质。在读书节期间，人们经常举办如读书分享会、农民朗诵比赛、农家书屋建设等丰富多彩的阅读活动，让农民们享受阅读的乐趣，感受文化的魅力。各级政府、文化机构和社会组织也会积极参与，为农民提供丰富的阅读资源和优质的服务，还邀请过知名作家、学者和专家深入农村，与农民面对面交流，分享阅读心得和文化知识。浙江农民读书节的举办，不仅丰富了农民的精神文化生活，还为农村的文化建设注入了新的活力。

甘肃农家书屋是一项在农村地区开展的阅读推广项目。自 2005 年开始试点建设以来，甘肃省的农家书屋建设已经取得了显著的成效。截至目前，全省共建成农家书屋 16 321 个，实现了全省所有行政村全覆盖。这些农家书屋不仅为农民提供了丰富的图书资源，如农业种植、特色养殖、世界名著、法律知识等各类书籍，还成了农民学习、交流的重要场所。

在农家书屋的建设过程中，甘肃省注重精准配置，确保农民能够"读得懂、用得上、留得住"这些图书。甘肃省不仅投入了大量的人力、物力和财力，还积极创新管理模式和服务方式，以便更好地为农民提供便捷、高效的服务。农家书屋的建成和使用，不仅提高了农民的文化素养和综合素质，还为农村的文化建设注入了新的活力。

这些全民阅读推广的成功案例大多由政府主导，多方参与，形式多样，内容丰富，贴近读者，注重实效，并经持续开展形成了特色品牌。它们不仅提高了读者的阅读兴趣和文化素养，还丰富了社会的文化生活，促进了文化的传承和发展。

国外的全民阅读成功案例也有很多。

挪威的"阅读周"是挪威一项重要的文化活动，旨在鼓励全民阅读，提高国民的阅读素养和阅读兴趣。这一活动通常在每年的某个特定周举行，期间会有一系列丰富多彩的阅读推广活动。在"阅读周"期间，挪威的图书馆、学校、书店和文化机构会组织各种形式的阅读活动，如朗诵会、作家讲座、图书展览、儿童阅读角等，以吸引不同年龄层的读者参与，让他们享受阅读的乐趣，并发现新的阅读兴趣。挪威的"阅读周"还会推出一些特别的阅读挑战和奖励计划，鼓励人们多读书、读好书。

印度的"全国阅读年"是印度政府为了推广阅读文化、提高国民阅读素养而设立的一项重要活动。该活动旨在鼓励印度民众，特别是年轻人和学生，培养阅读习惯，提升阅读能力，并通过阅读丰富自己的知识和视野。在"全国阅读年"期间，印度政府会与教育机构、图书馆、出版社和非政府组织等合作，组织图书展览、朗诵会、作家讲座、阅读俱乐部、写作比赛等一系列阅读推广活动，以多样化的形式吸引不同年龄层的读者参与。

智利推出了名为"我阅读，我选择"的全民阅读计划，旨在促进阅读的普及和推广。他们建立图书馆和阅读角，组织阅读活动、讲座和书展，鼓励人们培养阅读习惯，享受阅读乐趣。"我阅读，我选择"活动的核心理念是阅读是一种自由选择的行为，每个人都有权利选择自己喜欢的阅读材料，在阅读中开阔自己的视野和思维方式。活动还倡导家庭、学校和社会共同营造良好的阅读氛围，为孩子们提供更多的阅读机会和资源。

英国政府将阅读视为每个孩子成长的重要基石，因此启动了"阅读起跑线"计划。该计划会为每个新生儿都提供一份阅读礼包，里面包含了精心挑选的图书、阅读建议和活动指南。这个计划旨在鼓励家长与孩子一起探索阅读的世界，培养他们的阅读习惯和兴趣。该计划始于1992年，由英国图书信托基金会、伯明翰图书馆服务部和基层医护服务信托基金会联合发起。目前，该计划已经推广至全球多个国家和地区，成为一项备受关注的全球性阅读推广计划。

美国前总统奥巴马发起过一项名为"阅读挑战"的全国性运动，鼓励每个美国人在一年内读满15本书，这一活动旨在鼓励美国民众，尤其是儿童和青少年，培养阅读习惯，提高阅读能力。从这一运动中，人们可以看出阅读在读者个人成长、教育以及国家发展中的重要性。这一运动倡导家庭、学校、社区以及政府共同努力，为孩子们创造更好的阅读环境。在"阅读挑战"运动中，奥巴马呼吁全国各地的学校、图书馆、社区组织以及企业等机构参与进来，共同推广阅读活动。

在日本，家庭是培养孩子阅读习惯的重要场所，因此日本政府推出了"亲子读书运动"活动。"亲子读书运动"活动期间，日本政府通常会提供一系列的阅读资源和指导，帮助家长选择适合孩子年龄和兴趣的图书，并给出相应的阅读建议和方法，还会举办各种形式的亲子阅读活动，如家庭阅读时间、亲子朗读会、图书分享会等，让家长和孩子有机会一起分享阅读的乐趣，交流阅读的感受。日本政府希望能够在家庭中营造浓厚的阅读氛围，让孩子从小就能够接触到优秀的图书和阅读文化，激发他们的阅读兴趣和想象力，也希望通过亲子共读的方式，增进家长和孩子之间的情感交流和互动，推动家庭教育的全面发展。

德国政府的"阅读起航"计划由德国联邦教育部资助，德国阅读基金会负责执行，是德国目前规模最大、最普及的、以幼儿阅读为核心的倡读项目。"阅读起航"计划向婴幼儿父母分阶段免费赠送基本幼儿读物和亲子阅读指导，帮助其认识到阅读在婴幼儿早期教育中的重要性，并提供实际的帮助，为他们创造更便捷的亲子阅读基础环境设施和可行性指导。这一计划还通过各种渠道向公众宣传阅读的重要性和益处，鼓励家长和孩子一起参与阅读活动，营造浓厚的阅读氛围。

以上国外案例都是全民阅读推广的成功经验，它们的共同点在于结合了自身特点和资源优势，开展了形式多样的阅读推广活动，以引导人们阅读经典、传承文化，并注重信息素养和数字素养的提升，为人们提供更好的知识服务。

二、高校图书馆阅读推广的经验总结

高校图书馆应从大学生"新生入学"到"职业规划"各个阶段,做好阅读推广系统工程。大学生群体从新生入学到毕业,在学业深入和知识渐长的学习过程中,往往在特定阶段有特定的阅读需求。高校阅读推广服务就是针对大学生群体某时间段内因共同价值追求而产生的相似阅读需求,以及因不同价值追求而产生的阅读差异,进行阅读价值观培植、阅读情意推展和阅读方法论指导的专业活动。从"新生入学"到"职业规划",做好阅读推广系统工程,是高校阅读推广工作的创新发展的方向之一。

发挥推荐、导读书目功能,夯实课内、课外阅读基础。

清同治十三年(1874年),张之洞任四川学政时,为应对诸生好学者"应读何书,书以何本为善"之问,编撰了《书目答问》,包括经、史、子、集、丛书5个部分,共著录2 200余种图书,以"告语生童",点明了当时读书求学的门径,从中可以窥知清代学术的渊源流变,至今对大学生的阅读推广都有很深的借鉴意义。高校图书馆应根据学生的年龄、兴趣和阅读能力,制订适合不同年龄段的推荐书目。这些书目可以包括经典文学作品、科普读物、历史故事等。推荐书目应定期更新,以反映新的出版动态和学生的阅读需求,确保学生始终能够接触到最新、最优秀的图书资源。教师应在课内外对导读材料进行讲解,引导学生深入理解图书的主题、情节和人物形象,增强学生的阅读理解能力,提高他们的阅读水平。

建立阅读推广队伍,拓展高校图书馆教育职能。在开展高校图书馆阅读推广工作的过程中,人力资源是最核心的要素。相对稳定且结构合理的阅读推广队伍,是阅读活动顺利开展的必要保障,图书馆应对具体设置结构、机构和岗位的职责加以明确的要求。每个高校图书馆的历史沿革、学校特色、馆舍规模、人员配置等软硬件条件各不相同,因而每个馆的阅读推广部门和岗位设置都有其独特性。现阶段,有些图书馆设立了较为稳定的阅读推广部门及相关岗位,而有些图书馆则仅设一名专职或兼职阅读推广人员,在开展活动时则从其他部门临时抽调人员组成团队。对于高校图书馆而言,组建一支高素质的、稳定的阅读推广团队,往往能使阅读推广工作达到事半功倍的效果。面对高校图书馆人力资源配置的压力,引导学生参与高校阅读推广的策划与执行成为许多高校图书馆的共同选择。文化名人、媒体人士、知名企业家、公益活动者等不同领域的社会人士,皆可以成为高校图书馆的社会阅读推广人。专家学者的阅读感悟和推荐书目能够引起大学生的广泛关注,企业家丰富的人生阅历和学习思考对大学生而言具有强大的感染力和号召力,尤其是校友中的杰出人士,他们的阅读经历具有说服力,更能引起大学生读者的广泛共鸣。

第二节 高校图书馆全民阅读推广的美好展望

未来,高校图书馆将更加注重利用大数据、人工智能等先进技术,对读者的阅读习惯、兴趣偏好进行深度挖掘,从而为每位读者提供更加精准、个性化的阅读推荐。读者利用自助借还书机、智能书架等智能化设备,可以享受到更加便捷、高效的服务体验。

未来,高校图书馆将打破时间与空间的限制,将线上平台与线下空间有机结合,为读者提供更加丰富的阅读体验。读者利用线上平台可以畅享电子书资源、在线阅读社区服务等,满足阅读需求;在线下空间,图书馆则可以举办各种主题阅读活动、展览等,增强读者的参与感和归属感。

随着经济全球化进程的加速和学科交叉融合的趋势日益明显,高校图书馆将更加注重跨学科与跨文化的阅读推广。图书馆引入不同领域、不同文化的优秀图书资源，举办相关主题的阅读活动，可以引导读者开阔视野、增强跨文化理解能力。

高校图书馆的最终目标是培养读者的终身阅读习惯和文化素养。高校图书馆将更加注重培养读者的阅读兴趣和能力，在丰富多样的阅读材料和活动中，引导读者形成自主阅读、深度思考的习惯。图书馆应利用经典文化、艺术等领域的图书资源，提升读者的文化素养和审美能力。

高校全民阅读推广需要多方面的支持和努力，需要政府、企业、社会组织和个人的共同参与和推动。高校图书馆在全民阅读推广中具有得天独厚的优势和广阔的发展前景。高校图书馆应不断加强自身建设和服务创新，为全民阅读做出更大的贡献。

参考文献

[1] 徐雁.书香危言：当代大学生阅读危机干预方略［M］.合肥：安徽教育出版社，2023.

[2] 张舒.全民阅读背景下高校图书馆阅读推广评价体系研究［M］.大连：辽宁师范大学出版社，2022.

[3] 郭婷，马雪梅.全民阅读视域下高校图书馆阅读推广新探［M］.长春：吉林大学出版社，2020.

[4] 吴才唤.真人图书馆：理论与实践［M］.上海：上海人民出版社，2022.

[5] 施强.大数据、知识服务与当代图书馆学［M］.杭州：浙江大学出版社，2020.

[6] 黎鸣.中国人性分析报告［M］.北京：中国社会出版社，2003.

[7] 勃兰兑斯.十九世纪文学主流：第一分册 流亡文学［M］.张道真，译.北京：人民文学出版社，1980.

[8] 巴丹.阅读改变人生［M］.北京：东方出版社，2004.

[9] 孙子威.文学原理［M］.武汉：华中师范大学出版社，1989.

[10] 黄俊.图书馆阅读推广的理论与实践［M］.南昌：江西人民出版社，2019.

[11] 顾玉青，赵俊玲.社会资源与图书馆阅读推广［M］.北京：朝华出版社，2022.

[12] 李明.高校图书馆阅读推广研究［M］.北京：朝华出版社，2019.

［13］吴海峰.大学图书馆阅读文化的多视角研究［M］.郑州：大象出版社，2014.

［14］李世娟.国外图书馆阅读推广［M］.北京：朝华出版社，2020.

［15］蔡迎春,金欢.图书馆阅读推广案例赏析[M].北京:国家图书馆出版社，2019.

［16］钱军，蔡思明，张思瑶.书香满园：校园阅读推广［M］.深圳：海天出版社，2017.

［17］曾雪艳.对农村教育的探索［M］.呼和浩特：远方出版社，2005.

［18］中国社会科学情报学会.图书馆、情报与文献学研究的新视野：10：中国社会科学情报学会2017年学术年会论文集［C］.北京：中国书籍出版社，2018.

［19］范玉书.学党史 知党情 跟党走［M］.石家庄：河北人民出版社，2013.

［20］徐雁.越踪集［M］.杭州：浙江古籍出版社，2018.

［21］李琳.高校图书馆阅读推广与宣传促进研究［M］.长春：吉林人民出版社，2019.

［22］缪建新，李倩，徐梦华，等.志愿者与图书馆阅读推广［M］.北京：朝华出版社，2020.

［23］王辉.论全民阅读与馆员素质培养［C］//杜文平.自信 和谐 共建：中国西部公共图书馆联合会第四届（2017）年会暨学术讨论会论文集.北京：朝华出版社，2017：350-352.

［24］虢湘玲，谌慧."互联网＋"与"大数据"背景下的公共图书馆［C］//杜文平.自信 和谐 共建：中国西部公共图书馆联合会第四届（2017）年会暨学术讨论会论文集.北京：朝华出版社，2017：231-233.

［25］李红.大数据时代，新型图书馆建设的思考：湖北省公共图书馆新馆建设数据分析［C］//汤旭岩，徐力文.图书馆发展的新挑战、新趋势、新业态：2016年湖北省图书馆学会年会论文集.武汉：湖北科学技术

出版社，2017：544-549.

[26] 张泽梅.我国高校图书馆评估体系的构建与应用研究［D］.长春：东北师范大学，2006.

[27] 赵阿柳.央视《朗读者》节目仪式化传播研究［D］.保定：河北大学，2018.

[28] 丰华为.湖南省碳排放的影响因素与政策研究：基于LMDI模型［D］.湘潭：湖南科技大学，2012.

[29] 夏云露.图书推荐系统的设计与实现［D］.呼和浩特：内蒙古大学，2018.

[30] 杨吉儿.吉林省传统媒体微信公众号新闻型信息传播研究［D］.长春：长春工业大学，2018.

[31] 周萌.基于微信公众平台的高校图书馆阅读推广研究：以"985"高校图书馆为例［D］.天津：天津工业大学，2017.

[32] 孙琳.唐山市图书馆小学生阅读推广研究［D］.保定：河北大学，2016.

[33] 邱敏.家校协同育人视角下小学语文整本书阅读教学的现状及对策研究：以Q市J小学为例［D］.曲阜：曲阜师范大学，2022.

[34] 郑雅娟.高校图书馆数字阅读推广研究［D］.郑州：郑州大学，2017.

[35] 喻璐.我国全民阅读推广信息生态链研究［D］.哈尔滨：黑龙江大学，2021.

[36] 肖奕夏.5G环境下的智慧图书馆研究：以湖北省图书馆为例［D］.武汉：华中师范大学，2020.

[37] 梁雪云.萧乾书评思想研究［D］.保定：河北大学，2008.

[38] 杨国庆.面向批判性思维培养的高校在线信息素质教育研究［D］.上海：华东师范大学，2010.

[39] 康静.新时代加强大学生中共党史教育的路径研究［D］.长春：吉林农业大学，2022.

[40] 蔡春暖.莱斯文本类型理论指导下的《职业技术教育标准》翻译报告[D].贵阳：贵州大学，2018.

[41] 陈玖瑜.数字人文视阈下民国报纸知识图谱构建研究[D].长春：吉林大学，2020.

[42] 刘晶莹.新时代兰州红色文化资源开发利用研究[D].兰州：兰州大学，2020.

[43] 刘丽.高校阅读推广活动研究：以五所高校图书馆阅读推广活动为例.保定：河北大学，2014.

[44] 陈姣.图书馆儿童阅读推广服务模式研究[D].湘潭：湘潭大学，2016.

[45] 张姝嘉.新时代大学生劳动价值观培育研究[D].金华：浙江师范大学，2022.

[46] 王志强.教育要善于将理工与人文相结合[N].山西政协报，2016-09-30（D）.

[47] 徐雁.2020图书馆采访之变与应变[N].中国出版传媒商报，2020-09-08（6）.

[48] 蒋天羚."学习型家长"是"全民阅读"的社会基础[N].团结报，2020-05-09（5）.

[49] 陈辉.学党史不忘普惠初心使命办实事践行为民服务宗旨[N].江苏经济报，2021-06-03（A03）.

[50] 胡玉豪，张维桐.学党史要有滋有味[N].解放军报，2021-06-07（6）.

[51] 徐丽华.学党史倾心为民办实事[N].大理日报（汉），2021-06-10（7）.

[52] 陆勇.学党史知来路践初心行更远[N].绍兴日报，2021-06-10（3）.

[53] 徐雁.最是书香能致远[N].图书馆报，2015-09-25（6）.

[54] 唐曦.高校图书馆推荐书目分析研究：以"985"高校图书馆为例[J].高校图书馆工作，2017，37（3）：11-17.

[55] 党莉.图书馆的阅读推广[J].黑龙江史志，2014（13）：274-274，

276.

[56] 马晓丽.阅读推广与公共图书馆服务[J].科技资讯,2013(25):249,251.

[57] 李彤.公共图书馆互联网+服务平台构建初探[J].图书馆工作与研究,2016(1):54-56.

[58] 付小东.大数据在公共图书馆中的应用策略探讨[J].黑河学刊,2016(4):155-156.

[59] 屠淑敏,冯亚慧,李玲丽,等.互联网思维视野下的公共图书馆跨界服务思考:跨界OR被跨界[J].图书与情报,2015(1):125-130.

[60] 高俊.图书馆新馆建设与运作之思考[J].科技信息,2014(15):177-178.

[61] 蔡冰.城市图书馆新馆建设概述[J].图书馆建设,2007(1):6-10.

[62] 刘琰.高校图书馆阅读推广活动评价存在的问题及对策研究[J].时代报告,2023(18):104-106.

[63] 曹姝.基于目标定位的高校图书馆阅读推广评价方法研究[J].科技传播,2021,13(12):12-16.

[64] 李桂贞,孙清玉,姚雪琦,等.基于问卷调查的高校图书馆阅读推广活动评价研究[J].图书馆研究,2018(6):6-16.

[65] 赵飞,吴亚平,周春霞.基于读者大数据的高校图书馆阅读推广活动评价研究[J].图书与情报,2018(2):90-93.

[66] 李斌斌.高校图书馆阅读推广评价机制的研究[J].传播力研究,2018(15):256.

[67] 陈宝美.高校馆员在阅读推广中的角色转变[J].办公室业务,2019(23):172-173.

[68] 刘盈,王景文.新媒体视域下高校图书馆阅读疗法推广策略:基于23家高校图书馆微信公众号的调查[J].图书馆工作与研究,2023(6):68-75.

[69] 雷天锋.基于理性行为理论的高校图书馆阅读推广服务探究[J].出版广角,2023(9):76-80.

[70] 徐雁.嗣响"浙东学派"的傅璇琮[J].图书与情报,2008(2):137-143.

[71] 朱永新.全民阅读奠基未来[J].教育,2020(3):46-48.

[72] 曹洋.公共图书馆开展全民阅读活动对策研究[J].学理论,2013(21):219-220.

[73] 王彦萍,范敏.图书馆工作人员职业素养:职业精神与专业能力的结合[J].四川图书馆学报,2011(1):31-33.

[74] 蒋坤燕.高校图书馆全民阅读推广研究[J].黑龙江档案,2021(4):426-428.

[75] 时晓红.大学生阅读现状及高校图书馆应对措施[J].合肥学院学报(综合版),2020,37(6):43-47.

[76] 陈蕊,刘荣.基于学生增量发展视角下大学生阅读现状、问题与对策研究[J].黑龙江高教研究,2019,37(5):142-145.

[77] 吴小梅.高校图书馆阅读推广服务的必要性与对策[J].河南图书馆学刊,2018,38(2):33-35.

[78] 徐礼云,方俊琦.高校图书馆的社会服务与全民阅读推广:以浙江师范大学为例[J].山西科技,2017,33(2):63-65.

[79] 李丽娜,吴波.基于新媒体技术的高校图书馆参与全民阅读推广工作机制研究:以连云港地区为例[J].连云港职业技术学院学报,2016,29(2):55-58.

[80] 于柯柯.新媒体语境下高校图书馆数字阅读推广策略研究[J].文化产业,2021(3):111-112.

[81] 吴汉华,史佳,卫劭杰.阅读推广理论与实践的探索与共识:中国图书馆学会第二届阅读推广理论研讨会及阅读与心理健康研讨会综述[J].图书馆建设,2019(1):147-154.

[82] 范并思.论图书馆阅读推广的理论体系[J].图书馆建设,2018(4):53-56.

[83] 曾迎新.自媒体著作权的保护与对策分析[J].传媒论坛,2020,3(17):74-75.

[84] 虞佳臻.论自媒体著作权的保护[J].南京航空航天大学学报(社会科学版),2015,17(3):58-62,100.

[85] 李月红.自媒体著作权保护的困境与对策[J].出版发行研究,2015(10):71-73.

[86] 彭书雄.和谐社会建设中的文学承担[J].中州学刊,2008(4):230-234.

[87] 刘鸣.文艺对构建和谐社会的特殊人文价值[J].郑州大学学报(哲学社会科学版),2006(5):137-139.

[88] 黄建国,关锋,马遥.文学艺术与和谐社会[J].长安大学学报(社会科学版),2007(3):83-85.

[89] 何西来.论社会的和谐与文艺的和谐[J].文学评论,2006(4):5-19.

[90] 李科萱.公共图书馆开展全民阅读活动探讨[J].青海教育,2016(4):54-55.

[91] 汤更生,朱莺.全民阅读活动的背景、特色与推动[J].国家图书馆学刊,2013,22(3):60-64.

[92] 龚蛟腾,陈建辉,洪芳林.高校图书馆阅读推广空间建设案例分析与启示[J].图书馆学研究,2023(3):83-92.

[93] 吴玉峰.阅读转型下高校图书馆新媒体阅读推广人培育研究[J].图书馆工作与研究,2023(3):5-10,18.

[94] 韩金.基于CiteSpace的国内图书馆阅读推广研究文献的可视化分析[J].图书馆界,2019(6):68-72.

[95] 张坤,李晶,王文韬,等.国内外数字阅读研究热点及趋势分析[J].图书馆建设,2018(3):56-64.

［96］成爱萍.新媒体时代高校图书馆数字阅读微媒体推广研究［J］.图书与情报，2015（2）：57-60.

［97］洪伟达，马海群.图书馆阅读推广规范研究［J］.图书情报知识，2018（1）：36-43.

［98］陆和建，程思捷.我国公共图书馆微信阅读推广案例分析及策略研究：基于第14次全国国民阅读调查报告的分析［J］.图书馆工作与研究，2018（1）：23-28.

［99］严贝妮，鞠昕蓉.我国公共图书馆数字阅读推广模式与创新研究［J］.图书馆，2017（10）：62-65，89.

［100］王婷.微媒体时代高校图书馆阅读推广策略研究［J］.图书馆工作与研究，2017（11）：89-92，128.

［101］严贝妮，汪东芳.互联网+时代大学生数字阅读行为研究：基于安徽省5所高校的调查分析［J］.图书馆学研究，2017（5）：87-92.

［102］秦庆，郭延龙.新时代高校共青团公众影响力研究：以合肥市高校共青团微信公众平台为例［J］.河北青年管理干部学院学报，2020，32（3）：11-16.

［103］关绍伟.基于大学生阅读行为的阅读推广改进策略［J］.图书馆学刊，2016（12）：82-84.

［104］叶小娇.基于MOOC理念的信息素养教育平台设计研究［J］.鸡西大学学报，2014（11）：156-158.

［105］弓丽娜.新媒体时代下微博广告的发展［J］.青春岁月，2017（6）：63-63.

［106］吴素舫，杨雪梅.基于5W传播模式的高校图书馆红色文化阅读推广路径探析［J］.图书馆工作与研究，2023（2）：104-112.

［107］隋红岩.高校图书馆阅读推广"导读短视频"制作探究［J］.大学图书馆学报，2023，41（1）：101-105.

［108］侯晓.基于价值链嵌入的高校图书馆慕课阅读推广创新策略研究［J］.

图书馆工作与研究，2023（3）：19-24，55.

[109] 王崇良，韩爱萍.高校图书馆书香家园建设：以湖北科技学院图书馆为例［J］.湖北科技学院学报，2017，37（6）：105-108.

[110] 王洪波.高校图书馆阅读推广的困境与突围［J］.图书馆学刊，2014，36（5）：69-71.

[111] 杨莉，陈幼华，谢蓉.高校图书馆开展专业阅读推广的实践探析［J］.图书馆杂志，2015，34（12）：29-37.

[112] 王波.图书馆阅读推广亟待研究的若干问题[J].图书与情报，2011（5）：32-35，45.

[113] 刘平，邹丹丹.大学生红色经典阅读推广与高校"书香校园"建设：以河北科技大学图书馆为例［J］.兰台世界，2017（1）：108-110.

[114] 王云娣，胡益芳.高校图书馆助推书香校园建设的实践与思考：以浙江师范大学图书馆为例［J］.图书馆研究与工作，2016（1）：46-50.

[115] 陈志翼.文化综艺类节目中的互动仪式链：以《朗读者》为例［J］.青年记者，2018（2）：69-70.

[116] 李雪怡.综艺节目《朗读者》的传播美学分析［J］.今传媒，2017，25（4）：102-103.

[117] 陈幼华，梁枫，王璐怡，等.论高校图书馆阅读推广的组织设计［J］.图书馆杂志，2023，42（8）：74-81.

[118] 郑英明.电视文化类节目对传统文化的传承与审美维度的拓展：以《中国诗词大会》《朗读者》等节目为例［J］.电影评介，2017（11）：48-50.

[119] 王銮欣.以《朗读者》为例探析文化类综艺节目的发展定位［J］.西部广播电视，2017（8）：93.

[120] 刘小蕊.电视文化综艺节目《朗读者》的成功之道［J］.西部广播电视，2017（10）：105.

[121] 刘娅蒙.文化综艺节目创新策略研究：以《朗读者》为例［J］.西部

广播电视，2017（11）：3.

[122] 刘振华.文化类电视节目的创新之路探究：以《朗读者》为例[J]. 新闻研究导刊，2017，8（5）：3-4.

[123] 单幸.文化类综艺节目热播的冷思考[J].青年记者，2017（18）：35-36.

[124] 过彤，张庆龙.《朗读者》：文化类电视综艺节目的大众化探索[J]. 传媒评论，2017（3）：32-35.

[125] 李颖婷.边疆地区文献阅读推广与中华文化保护传承：以呼伦贝尔市图书馆为例[J].中国民族博览，2023（2）：113-115.

[126] 杨格格，朱荀，徐双培.数据素养视角下高校图书馆阅读推广策略研究[J].图书馆，2023（1）：82-87.

[127] 张雪媛.高校图书馆红色文献阅读推广策略探索：评《高校图书馆阅读推广研究》[J].科技管理研究，2022，42（23）：248-249.

[128] 贾爱娟，杜鑫，冯鑫.高校图书馆进行阅读推广工作的分析与研究[J]. 农业网络信息，2013（2）：77-79.

[129] 徐琼.建立高校图书馆全方位阅读推广模式的探索[J].新世纪图书馆，2013（2）：62-65.

[130] 刘开琼.高校图书馆阅读推广模式探究[J].图书馆研究，2013，43（2）：64-67.

[131] 刘玉勇.浅谈高校图书馆阅读推广新策略[J].科技情报开发与经济，2013，23（3）：65-66，81.

[132] 苑世芬.高校图书馆新媒体阅读推广策略研究[J].现代情报，2013，33（1）：74-77，81.

[133] 司新霞.高校图书馆阅读推广活动的评价问题[J].大学图书情报学刊，2013，31（2）：58-60.

[134] 张媛.高校图书馆阅读推广长效机制的思考[J].黑龙江科技信息，2013（2）：155.

[135] 万乔.高校图书馆阅读推广形式和对策研究[J].科技情报开发与经济, 2012, 22（19）: 33-35.

[136] 时爱福.移动阅读时代高校图书馆的知识创新服务[J].河南图书馆学刊, 2012, 32（5）: 124-126.

[137] 郭文玲.高校图书馆阅读推广策略分析与研究[J].图书馆论坛, 2012, 32（6）: 53-56.

[138] 郑好.高校图书馆阅读推广实践调查与研究: 以南京理工大学为例[J].河北科技图苑, 2015, 28（5）: 61-62, 16.

[139] 谷秀洁, 张赞魁.推荐书目与图书馆阅读推广[J].山东图书馆学刊, 2011（3）: 62-65.

[140] 马骅.高校图书馆阅读推广实践与探索: 以咸阳师范学院图书馆为例[J].价值工程, 2018, 37（3）: 178-180.

[141] 丁枝秀.基于读者需求的阅读推广活动问卷调查与分析[J].晋图学刊, 2016（1）: 47-50.

[142] 彭斐章, 费巍.阅读的时代性与个性[J].中国图书馆学报, 2008（2）: 9-15.

[143] 孙颉, 张俊, 唐增增, 等.大学生阅读推广实证研究: 以华中农业大学为例[J].图书馆学刊, 2016, 38（2）: 4-7.

[144] 梁艳妃.高校图书馆阅读推广活动的设计与实践[J].山西青年, 2020（12）: 238, 240.

[145] 丁芬芬.滁州学院图书馆阅读推广工作现状研究[J].滁州学院学报, 2017, 19（1）: 133-136.

[146] 邵丽珍.《朗读者》对高校网络阅读推广的启示[J].传播与版权, 2017（11）: 55-57.

[147] 金国辉.公共图书馆推广大学生阅读的思考[J].邵阳学院学报（社会科学版）, 2018, 17（6）: 76-79.

[148] 陈瑜.乡村振兴与农村公共阅读空间的多维构建: 以政社合作为视角

[J].图书馆，2022（7）：49-57.

[149] 王秀红.乡村振兴视域下高校图书馆文化扶贫机制优化：基于多理论视角的探讨[J].图书馆工作与研究，2022（6）：94-100，108.

[150] 张然.思政教育视角下高校图书馆经典文献阅读推广研究：《高校经典阅读推广理论与实践》荐读[J].情报理论与实践，2023，46（2）：210.

[151] 李建涛，池锐宏，孙启富.自媒体时代下大学生网络安全教育的路径探索[J].今传媒（学术版），2021，29（12）：153-156.

[152] 徐雁.学习型家庭+书香校园+图书馆阅读推广：打造"三位一体"全民阅读推广的良性循环发展机制[J].图书馆研究，2019，49（1）：9-15.

[153] 张华，任欣欣，王丽华.高校图书馆古籍阅读推广现状与策略[J].图书馆工作与研究，2023（8）：98-105.

[154] 颜小虎，陈亚静.新媒体如何助力全民阅读？[J].出版广角，2019（6）：24-26.

[155] 周卫彬，伍巧.科学改变世界科普悦读未来：2021年中国图书馆学会科普阅读推广工作专题研讨会综述[J].新世纪图书馆，2022（1）：91-96.

[156] 任文香，何雨琪，范冰倩.腹笥有诗书，书香可致远："全民阅读十佳推广人"徐雁的阅读文化学理论和实践[J].大学图书馆学报，2022，40（5）：72-78.

[157] 凌静，孙振领，毛桂芳.面向学术阅读能力发展的大学生阅读素养培育研究：基于高校图书馆阅读推广视角[J].图书馆，2023（8）：77-83.

[158] 徐雁.数字化时代的阅读观及方法论[J].人民论坛，2019（21）：130-132.

[159] 李青.基于大学生网络心理健康教育的高校图书馆数字阅读推广研究

[J].科技风,2022(27):134-136.

[160] 胡世群,时琴.心理干预视角下公安院校大学生阅读疗法探析:基于对贵州警察学院学生的调查[J].贵州警察学院学报,2020,32(4):123-129.

[161] 张思瑶,陈哲彦,徐雁.适合高等院校图书馆阅读推广的"疗愈系书目"评析[J].大学图书馆学报,2021,39(5):87-93.

[162] 任巨凤.高校图书馆数字阅读推广策略探究[J].图书馆工作与研究,2023(增刊1):106-109,114.

[163] 徐雁.往事再说"书评难"[J].中国图书评论,2005(1):48-50,1.

[164] 徐雁."两个批评学者"与"五十个书评家":有关《图书评论与阅读推广》的知识解说[J].图书馆建设,2017(12):19-22.

[165] 王庆德,李丽娟.高校图书馆拓展导读范围工作探析[J].绥化学院学报,2014,34(6):134-137.

[166] 徐雁,谭华军.知行合一:倡导书评独立品格的萧乾[J].图书馆杂志,2013,32(11):20-25.

[167] 陈伟萍.公共图书馆与传统文化[J].文化创新比较研究,2019,3(30):163-164.

[168] 徐雁,孙艳.助推"全民阅读",共建"书香中国":以《书香中国·全民阅读推广丛书》为中心[J].出版广角,2021(5):25-28.

[169] 吕雪梅.美国高校"新生共同阅读计划"及其启示[J].图书馆建设,2014(12):66-70.

[170] 张满和.高职护生心理韧性的影响因素调查及建议[J].西部素质教育,2023,9(1):114-117.

[171] 徐雁."爱书"、"读书"和"懂得书":"学习型家庭"、"书香校园"与图书馆阅读推广[J].图书馆研究与工作,2020(11):60-68.

[172] 孙新成.发挥图书情报专业优势,认真做好党史学习教育[J].河南图书馆学刊,2021,41(8):15-17,25.

[173] 佚名.深学党史真办实事[J].党员之友（新疆），2021（6）：24-25.

[174] 王兴兰,肖廷超.高校图书馆网络直播阅读推广现状与发展策略：以"双一流"高校图书馆为例[J].图书馆工作与研究，2023（10）：105-112.

[175] 王菲菲,贾梅,刘彭,等.大数据视域下红色资源融入高校思政教育的研究：以河南省为例[J].公关世界，2022（20）：131-133.

[176] 刘革,董薇.数字人文视域下红色文献的数字化开发与利用[J].河北科技图苑，2021，34（6）：25-29.

[177] 明均仁,陈晓禹,陈蓉.高校图书馆红色文化建设调查与分析[J].图书馆论坛，2021，41（12）：87-94.

[178] 王秀华.嵌入科研过程的图书馆学科化服务刍议[J].创新科技，2016（2）：79-81.

[179] 杨友清,王利君,吴淑芬,等."双一流"高校图书馆红色文献资源推广与开发实践研究[J].图书馆研究，2022，52（2）：37-45.

[180] 郝南,王斌,杨晶.论红色网站在网络文化建设中的地位和作用[J].河北工程大学学报（社会科学版），2012，29（4）：55-57.

[181] 孟祥林.乡村振兴视域下图书馆的治理困境及优化路径[J].盐城师范学院学报（人文社会科学版），2023，43（3）：31-42.

[182] 罗少军.创新开展新时期水利精神文明建设和政研工作[J].河北水利，2018（10）：8-9.

[183] 王金华,谢琼.新型城镇化与乡村振兴协同发展的路径选择与地方经验：全国新型城镇化与乡村振兴高峰研讨会暨第十七届全国社科农经协作网络大会会议综述[J].中国农村经济，2021（12）：131-137.

[184] 王素芳,谭清安.乡村振兴背景下贫困地区农村面向青少年的数字文化环境建设：基于留守儿童网络使用和图书馆服务需求的调查分析[J].农业图书情报学报，2022，34（1）：16-37.

[185] 崔晓彤.大数据赋能巩固拓展脱贫攻坚成果与乡村振兴有效衔接研究[J].领导科学,2021(22):107-110.

[186] 任云鹏.乡村振兴战略背景下发挥高校图书馆对新农村建设作用[J].农业经济,2020(6):116-118.

[187] 武汉大学图书馆.武汉大学图书馆"十三五"发展规划(2016~2020)[J].图书情报研究,2016(3):46-55.

[188] 李鑫.我国乡村养生度假旅游的发展现状及对策[J].农业经济,2020(6):118-120.

[189] 张怀涛.阅读推广的概念与实施[J].河南图书馆学刊,2015,35(1):3.

[190] 成梅.全民阅读背景下高校图书馆阅读推广所存在的问题与对策[J].科教导刊:电子版,2018(4):37.

[191] 陈敏.智慧图书馆建设背景下公共图书馆阅读推广策略研究[J].赤峰学院学报(自然科学版),2023,39(4):25-28.

[192] 周杨雅枝.关于我国高校图书馆阅读推广所存在的问题与对策分析[J].当代教育实践与教学研究:电子版,2017(1):204.

[193] 范红."协同学"视角下乡村阅读建设研究[J].西安文理学院学报:社会科学版,2022,25(3):83-87.